“十四五”时期国家重点出版物出版专项规划项目•重大出版工程规划
中国工程院重大咨询项目成果文库
推动能源生产和消费革命战略研究系列丛书
（第三辑）

能源革命推动区域经济社会与生态环境协调发展

倪维斗　李　政　麻林巍　著

科学出版社
北　京

内 容 简 介

本书为中国工程院重大咨询项目“推进能源生产和消费革命（2035）——能源革命推动经济社会发展和生态环境保护战略研究”的课题一“能源革命推动区域经济社会与生态环境协调发展”的研究成果。本书首先对经济社会和生态环境协调发展与能源革命的关系进行讨论，随后对全球能源转型及中国能源革命进行战略分析，并进一步研究区域层面的能源系统，之后对典型案例燃煤耦合生物质发电的发展进行分析，最后提出政策建议。

本书主要供关心经济社会和生态环境协调发展与能源革命的关系的政府、企业、大专院校及科研单位的管理及研究人员参考阅读。

图书在版编目（CIP）数据

能源革命推动区域经济社会与生态环境协调发展/倪维斗等著. —北京：科学出版社，2021.10

（推动能源生产和消费革命战略研究系列丛书. 第三辑）

中国工程院重大咨询项目成果文库

ISBN 978-7-03-069073-9

Ⅰ. ①能… Ⅱ. ①倪… Ⅲ. ①能源发展—研究—中国 ②区域经济—关系—生态环境—协调发展—研究—中国 Ⅳ. ①F426.2 ②F127 ③X321.2

中国版本图书馆 CIP 数据核字（2021）第 108905 号

责任编辑：郝 悦 / 责任校对：贾娜娜
责任印制：张 伟 / 封面设计：有道设计

科学出版社 出版
北京东黄城根北街 16 号
邮政编码：100717
http://www.sciencep.com
北京捷迅佳彩印刷有限公司 印刷
科学出版社发行 各地新华书店经销
*
2021 年 10 月第 一 版 开本：720×1000 B5
2021 年 10 月第一次印刷 印张：10
字数：200 000

定价：108.00 元

（如有印装质量问题，我社负责调换）

推动能源生产和消费革命战略研究系列丛书
（第三辑）
编委会成员名单

课题组成员名单

倪维斗	中国工程院院士
李　政	清华大学教授
麻林巍	清华大学副教授
吴金希	清华大学教授
朱　彤	中国社会科学院副研究员
田宜水	农业农村部规划设计研究院研究员
单　明	清华大学助理研究员
刘　培	清华大学副教授
李伟起	清华四川能源互联网研究院副研究员
孔　庚	清华大学科研助理
赵云龙	清华大学博士研究生
赵　惠	清华大学博士后
章景皓	清华大学博士研究生
李卓然	清华大学硕士研究生
刘　斌	清华大学硕士研究生
杨宏华	清华大学博士研究生
阿尔曼	清华大学硕士研究生
田　瑛	清华大学财务助理

推动能源生产和消费革命战略研究系列丛书

（第三辑）

从　书　序

能源是人类社会发展的重要支柱，是国民经济发展的重要基础。致力于促进中国工程科学技术事业和经济社会可持续发展的中国工程院，自 1994 年建院以来就将能源问题纳入战略咨询的重要范畴。能源革命战略研究已做成了系列，做成了中国工程院的品牌。

党的十八大首次提出“推动能源生产和消费革命”[①]。习近平于 2014 年提出“四个革命、一个合作”能源安全新战略以来，推动能源革命已经成为中长期我国能源发展的基本遵循[②]。中国工程院于 2013 年 5 月启动了“推动能源生产和消费革命战略研究”重大咨询项目，创新性地提出了能源革命三阶段论述；又于 2015 年 10 月启动了以农村能源、西部能源和“一带一路”能源合作为重点的能源革命二期重大咨询项目，提出农村地区和西部地区推进能源革命“三步走”战略。

区域经济社会发展和生态环境保护离不开能源的支撑保障。党中央提出的“四个革命、一个合作”能源安全新战略，以及以京津冀协同发展等为代表的国家区域发展战略的深入贯彻实施，为新时期能源发展提供了基本遵循和方向指引。鉴于此，中国工程院于 2018 年 3 月启动了“推进能源生产和消费革命（2035）——能源革命推动经济社会发展和生态环境保护战略研究”重大咨询项目。项目以主动视角审视当前国家能源发展情况，立足“变被动为主动”的研究观点，深入研究能源革命对经济社会发展和生态环境保护的推动作用，全面分析能源与经济社会、生态环境的相互关系，旨在新形势下结合区域发展战略的顶层指引和能源资源禀赋的实际，因地制宜推进区域能源革命，推动区域经济社会发展和生态环境保护。

历时两年的研究，项目取得了一系列研究成果。围绕能源革命推动京津冀协

---

① 胡锦涛在中国共产党第十八次全国代表大会上的报告，http://cpc.people.com.cn/n/2012/1118/c64094-19612151.html[2012-11-18]。

② 习近平：积极推动我国能源生产和消费革命，http://www.xinhuanet.com/politics/2014-06/13/c_1111139161.htm[2014-06-13]。

同发展和雄安新区建设、长三角创新发展、珠三角开放发展、老工业基地转型发展、中部地区崛起、能源富集地区绿色发展、西南地区共享发展、能源安全保障等研究内容，通过典型的区域案例和技术案例的调研与分析，在系统总结和深入研究能源革命对经济社会发展和生态环境保护的推动作用及能源安全专题分析研究的基础上，提出因地制宜推进能源革命的指导思想、战略思路、战略目标，阐述了 2035 年、2050 年能源革命在推动经济社会发展和改善生态环境方面的重要作用和推进区域能源革命的七大战略举措：第一，推进京津冀能源与经济、环境的协同发展，力争生态环保实现率先突破；第二，依托长三角一体化发展优势，建立集成优化、区域联动、智能调控的能源系统，推动区域创新发展；第三，依托“一带一路”和粤港澳大湾区建设，将珠三角地区打造成国家油气储备基地和可再生能源基地，成为国家能源安全保障体系的重要一环；第四，以能源高值化、多元化、低碳化推进经济转型，激发老工业基地振兴新动能；第五，充分发挥枢纽区位优势，依托西气东输、西电东送、北煤南运，将中部地区重点打造成为保障中东部地区能源供应的综合枢纽站；第六，依托新一轮西部大开发战略，将能源富集地区打造成绿色可持续的国家能源安全保障基地；第七，推进清洁能源开发与消纳，促进乡村振兴，共享西南地区能源发展成果。并从政策制定、组织机构、财税金融、人才队伍建设等方面提出相关措施，保障相关战略举措的落地生根。

通过研究，项目形成了《推进能源生产和消费革命（2035）——能源革命推动经济社会发展和生态环境保护战略研究》总报告 1 份和 9 份课题报告及其摘要报告，其报告由科学出版社出版发行。同时，项目相关研究成果也及时做了总结，向党中央、国务院及有关部门上报了《关于能源革命与区域发展协调推进的建议》等 5 份院士建议，递交《关于建设榆林国家级能源革命创新示范区的提案》等 3 份全国政协提案。项目研究成果对于我国推进能源革命具有重要借鉴意义。

在项目的研究中，参加人员坚持咨询工作的“战略性、科学性、时效性、可行性、独立性”，注重战略研究的“方法创新、调研充分、研讨深入、组织严谨”，取得了重要成果，不仅数据翔实、目标明确，而且技术路线和政策措施具体。

项目的研究成果是项目组全体院士、专家集体智慧的结晶，作为项目负责人，我衷心感谢项目顾问李晓红、周济等院士的精心指导和所有参与研究及提供支持的院士、专家的辛勤工作，期望本丛书能够进一步为政府部门的科学决策提供科学支撑，为相关领域专家学者的进一步研究提供有益借鉴。

在新的历史阶段，能源革命正面临着新的挑战与机遇。作为全球最大的能源消费国和生产国，中国同时也在积极推进全球能源绿色转型发展。目前正在组织开展能源革命系列第四期即“能源战略（2035）”研究，阶段成果已提交院士建议 3 份，将继续为推动新时代能源事业高质量发展、践行“四个革命、一个合作”能源安全新战略献计献策。

谢克昌

2021 年 5 月 20 日

前　言

本书为中国工程院重大咨询项目“推进能源生产和消费革命（2035）——能源革命推动经济社会发展和生态环境保护战略研究”的课题一“能源革命推动区域经济社会与生态环境协调发展”的研究成果。

课题自2018年5月启动以来，围绕经济社会和生态环境协调发展与能源革命的关系、全球及我国能源系统的战略分析、我国主要区域的能源系统分析、燃煤耦合生物质发电及生物质经济发展技术路线图等方面分别进行了专题研讨。期间，还组织课题组成员前往宁夏及吉林等地对生物质能源发展进行了实地调研。在结合专题研究成果、实地调研情况和专家反馈建议的基础上，最终形成了本书。本书章节安排如下。

第一章为“经济社会、生态环境协调发展与能源革命”，首先讨论了经济社会和生态环境协调发展与能源革命的关系，认为推进能源革命是解决经济社会发展与生态环境矛盾的关键途径；其次分析了在中国梦的新“三步走”战略下经济社会、生态环境及能源系统转型的目标；最后提出了要走“平稳切换、多能协同”的路径实现能源革命，推动经济社会与生态环境协调发展。

第二章为“推进能源革命的能源系统战略分析”，首先提出了一种名为SEGO（sustainable development，energy system，governance system，operation system，可持续发展、能源系统、治理系统、操作系统）的能源系统战略分析的方法，基于此方法从能源挑战、能源系统、能源治理、能源市场四个方面对全球及我国的能源系统发展问题进行了分析，并根据得到的主要认识提出了推动能源革命的战略思路和目标、战略重点及政策保障建议。其中，在“平稳切换、多能协同”基础上补充了“智慧管控”这一强调全局规划、多网协同、产业创新的战略思想。

第三章为“我国主要区域的能源系统分析”，对中国主要区域的能源系统进行战略分析。本书采用了基于能源分配分析的LMDI（logarithmic mean Divisia index，对数平均迪氏指数）分解方法对区域能源系统现状及能耗增长驱动因素进行分析，并从国家能源战略角度对主要区域推进能源生产与消费革命提出战略建议。

第四章为“燃煤耦合生物质发电的案例分析”，作为平稳切换、多能协同、智慧管控、区域分工这一战略思想的案例解剖，重点探讨了燃煤耦合生物质发电的技术分类及特点、国内外发展现状及未来发展的区域情景，最后提出了相关发展建议。

第五章为“结论及建议”，是课题研究的总体结论及建议。

此外，课题还研究了生物质经济发展技术路线图的案例，包括生物质资源量及分布、相关主要产业国内外发展现状及趋势、生物质经济的发展态势分析；从能源革命、生态环境保护、“三农”问题、乡村振兴方面对发展生物质产业的需求进行了研究；提出了产业的战略目标、重点工程及政策保障建议，并附上了三个生物质经济发展相关的实际案例调研情况。这部分作为附录，放在本书最后作为生物质能源发展问题的参考资料。

总体来看，我国要在中国梦新“三步走”战略的指导下，严格遵循“五位一体”总体布局，协调推进“四个全面”战略布局，坚定不移贯彻创新、协调、绿色、开放、共享“五大发展理念”，统筹实施“四大板块”和“三大战略”的区域战略组合，走平稳切换、多能协同、智慧管控、区域分工的路径推进各区域能源革命，以推动区域经济社会与生态环境协调发展，开创能源革命与区域经济社会、生态环境协调可持续发展的新局面。

能源革命推动经济社会与生态环境协调发展应当推进以下重点工程：①严格执行碳排放、能耗总量和能源强度“三控”，深度推进系统节能和低碳发展；②持续推进煤炭高效、清洁、低碳利用；③推进非化石能源超常规发展；④加强能源系统集成创新，建设智慧能源系统。

为保障重点工程的实施，应当做好以下保障措施。

（1）成立专委会，加强领导，推动联发联控。成立各个区域的能源革命专委会，对各区域能源革命的顶层规划、责任划分、奖惩措施、监督机制进行统一领导。重点推动以各区域联合发展为目的的“三控”政策联合落实。

（2）加强“两个协调”，做好区域能源革命的精准规划。在国家及区域层面加强能源规划与相关经济社会及生态环境规划的协调；建立和强化国家层面对各区域能源规划进行统一协调的机制，加强区域间能源规划的协调；在国家政策、规划的基础上，各主要区域应考虑国家对其的定位，结合本地区经济社会发展总体目标，兼顾自身能源系统特点，着重规划相适应的重点领域及重点专项，精准推进区域能源革命。

（3）促进多方协作，推进能源技术革命模式创新。加强国际交流合作、区域间交流协作、产学研政交流协作，以各区域的重大能源革命项目规划设计、配套支持政策研究和相应商业模式创新为着眼点，探索适合各区域的特色示范工程，走出区域特色的能源革命路径。

目　录

第一章　经济社会、生态环境协调发展与能源革命

18 世纪中后期始于英国，随后扩散到法国、德国和美国的第一次工业革命，拉开了工业文明的序幕，开启了经济持续增长与社会发展的新篇章。以煤炭替代植物薪柴的“能源革命”是这次工业革命关键要素。基于煤炭和油气开发利用的化石能源系统一方面为经济的持续增长和规模化发展提供了稳定的能量来源，另一方面也打破了农业文明时代人类与生态环境低水平的和谐共生关系，导致大量的环境生态问题出现。因此，从工业文明走向生态文明，推动经济社会与生态环境从“相背而行”到“相向而行”的转变的关键是通过新一轮“能源革命”实现能源系统向绿色低碳转型。

第一节　经济社会和生态环境协调发展与能源革命的关系

一、经济社会发展与生态环境矛盾加剧是工业化特定阶段的客观现象

1. 美国、日本等国家的工业化后期是生态环境问题集中爆发时期

前工业社会，由于人口集聚和生产规模有限，人类活动导致的生态环境问题主要是小范围和局部的。进入工业社会后，机器大生产对手工生产的替代和规模化，交通运输工具的机器化（蒸汽火车和轮船、燃油汽车），电报、电话通信工具的创新，导致生产活动大规模集中、人口大规模集聚、城市规模与边界大幅扩张，生态环境问题不断累积，范围不断扩大。

如果说，18 世纪中后期开始的第一次工业革命开启了近现代工业化，那么 19 世纪 70 年代开始的第二次工业革命则进一步加速了欧美等国家和地区的工业化进程，导致生产活动对生态环境的破坏程度因经济规模快速增长而加剧。到 20 世纪 40 年代，一系列重大的恶性生态环境事件先后爆发。比如，20 世纪 40 年代美国洛杉矶光化学烟雾事件、1952 年伦敦烟雾事件，以及 1956 年日本水俣病

事件。

这些重大环境生态事件，实际上是这些国家经济社会发展对化石能源和资源大规模利用造成的生态环境的破坏累积到一定阶段的集中爆发。一般认为，美国工业化起步于19世纪20年代，到20世纪30年代美国初步完成工业化，20世纪60年代美国彻底完成工业化进入后工业化社会。从图1-1可以看到，美国第二产业占比从1869年的21.8%左右持续上升到1930年的29.3%左右，1957年达到历史最高值（39.1%）后开始下降，同期第一产业占比持续下降，第三产业占比1953年之前波动较大，但1953年之后持续稳定上升。

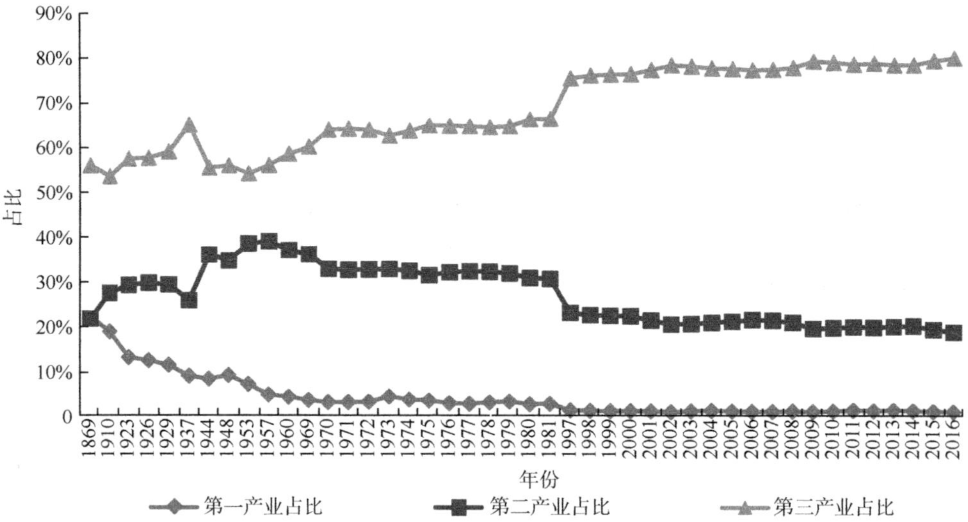

图1-1 美国的产业结构变迁（1869～2016年）

资料来源：1869～1982年数据根据文献资料经作者整理计算，1990年之后的数据来自世界银行

因为数据来源受限，部分年份数据缺失

日本工业化开始于19世纪60年代初。进入1920年以后，日本工业化过程快速推进，第一产业占比从53.5%左右持续下降到1981年的10.4%，第二产业和第三产业占比快速增加。1973年日本第二产业占比达到峰值（36.5%）并开始缓慢下降，第三产业占比继续增长，日本进入后工业化社会（图1-2）。

2. 我国已经处于工业化后期的初期阶段，进入生态环境事件高发期

发达国家的经验表明，当工业化发展到一定的阶段，尤其是工业化后期，经济社会发展和生态环境之间的矛盾会加剧，甚至大规模爆发。根据中国社会科学院工业经济研究所的报告，我国已经进入工业化后期的初期阶段。经济社会发展带来的生态环境压力持续加大，生态环境污染大规模爆发风险加大。比如，2007年的太湖、巢湖、滇池蓝藻的连续爆发，2011年云南曲靖铬渣污染事件，2012

年广西龙江镉污染事件，以及从 2012 年以来华北地区雾霾天气的出现等，无不表明，我国已经进入生态环境事件的密集高发期。

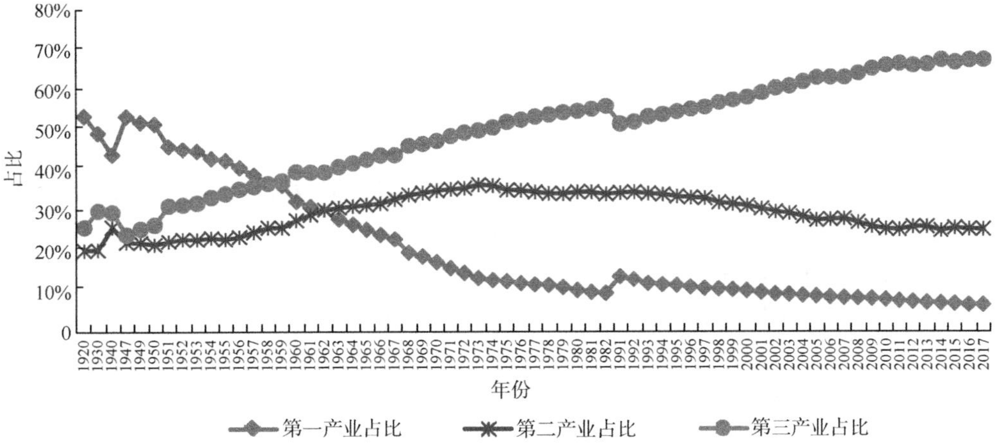

图 1-2　日本的产业结构变迁（1920～2017 年）

资料来源：1920～1982 年数据根据文献资料经作者整理计算，1990 年之后的数据来自世界银行
因为数据来源受限，部分年份数据缺失

3. 我国经济社会发展的生态环境压力比发达国家同期更加严峻

从生态环境角度来看，2001 年我国加入世界贸易组织（World Trade Organization，WTO）融入国际分工体系后，凭借低成本熟练劳动力优势，经济规模快速扩张，迅速成长为全球主要产品的制造基地，成为经济规模仅次于美国的第二大国家。截至 2017 年，我国钢铁、电解铝、化纤等主要原材料工业，造船、高铁设备等装备工业，以及汽车、冰箱、彩电等 221 种主要消费品产量或制造能力居世界第一，其中很多产品的产量比世界其他国家总和还要多。这些产量与制造能力产生了庞大的化石能源消费需求。2017 年，我国消费了世界上 23%的一次能源，远远超过能源消费第二大国美国（16.5%），其中世界煤炭消费的 50.7%、石油消费的 13.3%来自中国（仅次于美国）。这给我国生态环境带来更加沉重的压力。

我国区域之间工业化发展程度差异很大。东部区域已经处于工业化后期阶段，而中部和西南地区处于工业化中期的后半阶段，大西北的工业化水平最低，处于工业化中期的前半阶段。根据发达国家的经验，东部区域甚至部分中部地区已经进入生态环境问题大规模爆发期。

我国东部地区，甚至部分中部地区近几年单位国土面积能源消耗强度远超 20 世纪 50 年代的处于工业化后期的法国、德国、英国等欧洲国家，相关污染物排放强度也远高于发达国家工业化后期的水平，因而与发达国家工业化后期相比，我国经济社会发展的生态环境恶化形势较为严峻。

二、能源革命是解决经济社会发展与生态环境矛盾的关键

1. 化石能源革命导致经济社会发展与生态环境“相背而行”

经济持续增长与社会稳定发展不是人类社会的自然产物，而是工业革命与能源革命的结果。在前工业社会，人类社会经济处于周而复始循环增长阶段。18 世纪中后期始于英国，随后扩散到德国、法国、美国、俄罗斯、日本等国的工业革命开启了工业化进程。经济增长与社会发展也打破了人类社会各个方面长期徘徊不前的局面，打破循环增长进入持续增长阶段。

人类社会经济增长以 18 世纪中后期英国工业革命为界分为两个特征明显的阶段，公元前 1 万年到工业革命之前，人类社会处于循环增长阶段，英国工业革命后，人类社会进入持续增长阶段，并且直到今天，仍然保持着持续增长趋势。

经济学家把工业革命之前的循环增长归于土地的报酬递减规律与人口数量变化导致的人均产出“天花板”和“地板”效应。18 世纪中后期的工业革命实现了机器大生产代替手工生产，打破了土地报酬递减规律对生产活动的限制，因而得以实现经济的持续增长。

然而，经济学家没有认识到，工业革命打破经济循环增长的能源限制，即 18 世纪中后期开始的煤炭替代薪柴的“煤炭革命”，以及 19 世纪末以内燃机发明为标志的“石油革命”，打破了前工业社会经济增长的能源瓶颈。

从能量转化和利用的角度看，前工业社会的问题在于人类生存所需要的食物及生产过程所需要的能源（包括以木材的形式提供有机经济所需的热能，以人类或动物的体力形式表现出来的机械能）均需依赖通过光合作用储存在有机物体内的太阳能。有机物仅储存了数年到数十年太阳能，因而无法持续满足经济增长带来的能源需求增加。而煤炭和石油则储存了亿万年的太阳能，有效解决了经济增长的能源瓶颈问题，解决了土地与经济增长之间的紧张关系，使生产与消费规模化和人口的大规模集聚成为现实。

化石能源革命实现了煤炭和石油的大规模开发利用，推动了工业化进程，为大规模生产与社会生活、城市发展提供了源源不断的能量来源，但同时也排放了大量的二氧化硫、氮氧化物、颗粒物等常规污染物和二氧化碳，环境和生态问题难以避免。而在粗放式发展的惯性下，经济快速发展过程中能源供应和需求侧的产能过快扩张、规划不当，也引起了大量的产能闲置和浪费，进一步加剧了生态环境问题。最终，导致经济社会发展与生态环境“相背而行”。

2. 经济社会与生态环境协调发展需要新的"能源革命"

基于煤炭和石油革命的经济规模扩张及工业化、城市化的加速与生态环境加速恶化，是同一逻辑进程的结果，是一个硬币的两面。随着工业化加速发展，经济社会发展与生态环境之间的矛盾累积与加剧，发达工业化国家最初通常是采取一些限制性措施，颁布一些环境保护法规。但是，由于人们尚未搞清污染及公害的原因和机理，仅采取一些限制性措施或颁布某些保护性法规，未能阻止环境污染蔓延的势头。

20 世纪 50 年代至 70 年代，英国、美国、日本等国先后爆发了重大环境污染事件后，这些国家相继成立环境保护专门机构，以图解决这一问题。因当时的环境问题还只是被看作工业污染问题，所以工作的重点主要是治理污染源、减少排污量；所采取的措施，主要是给工厂企业补助资金，帮助它们建立净化设施，并通过征收排污费或坚持"谁污染，谁治理"的原则，解决环境污染的治理费用问题。但这类被人们归结为"尾部治理"的措施，从根本上说是被动的，因而收效不甚显著。1972 年 6 月联合国在瑞典的斯德哥尔摩召开了人类环境会议。会后，发达国家开始了对环境的认真治理，工作重点是制定经济增长、合理开发利用资源与环境保护相协调的长期政策。

但是，要真正实现经济社会发展与生态环境从"相背而行"到"相向而行"的转变，不能仅仅依靠污染物排放的"末端治理"，还需要进行新的"能源革命"。这场新的"能源革命"有三个不可或缺的内容：一是要形成更节约的能源消费方式，从目前以物质型消费为主、高耗能工业为主的粗放式能源消费，过渡到未来以服务消费为主、高科技和服务业为主的高质量能源消费；二是要大力推动非化石能源，尤其是可再生能源发展，尽可能利用清洁无碳能源替代化石能源；三是要通过技术革命实现煤炭油气的清洁化、低碳化利用，结合化石能源消费的总量控制，把化石能源的污染物和碳排放量控制在生态环境容量许可范围之内。而在整个革命进程中，核心要诀在于实现整个能源链条上各种新旧产能的协同发展和平稳更替，避免能耗的浪费。

三、以能源革命推动经济社会与生态环境的协调发展

主要发达国家也曾先后遭遇能源安全、生态环境及气候变化问题，但上述问题发生在不同历史时期，可以集中力量，逐一攻克解决。我国则不同，在工业化、城镇化发展阶段，同时遭遇这些问题，因此必须创新发展思路，采取非常措施，统筹应对，一并解决。由此来看，能源革命是一条必由之路。能源革命是绿色发展、生态文明、建设美丽中国的最重要方式。只有经过痛苦的破旧、艰难的立新，我国才能成为一个山清水秀、蓝天白云、空气清新的美丽国家。在漫长而艰苦的

能源革命进程中，要陆续打破污染严重的旧的能源系统，逐渐建立低碳绿色的新的能源系统，而且要以最小的产能和浪费实现新旧系统的平稳切换。

1. 推动能源供给革命

我国目前的能源系统以煤炭和石油两种化石能源为主，它们既是我国发展的原动力，也是环境污染严重的根源。进行能源供给革命，就是要大力发展低碳天然气与生物质能、无碳风电、光伏、水电、地热等可再生能源，但每一种能源都有其长处和短处，同时人们的能源需求也是千变万化的，在新的能源系统逐渐建立成长过程中，会出现弃风电、弃光伏、弃水电、缺充电桩、缺加气站、缺加氢站等现象。所以，特别需要能源系统灵活与能源消费革命和能源技术革命进行战略协同。

2. 推动能源消费革命

作为世界第一能源消费大国，推动我国能源消费革命是一个长期的过程，应把节能和提高能效贯穿到经济社会发展全过程和各领域，大幅提高工业、建筑、交通运输等领域能源利用效率，抑制奢侈、浪费等不合理能源需求，避免产能浪费。重塑工业部门用能系统，推动工业高效智能循环发展。大力发展超低能耗建筑，避免建筑能耗增长的锁定效应。推进交通结构调整和技术进步，遏制石油消费过快增长。构建节约高效新型城乡用能方式，促进居民消费绿色升级。

3. 推动能源体制革命

目前我国的市场化程度需要进一步提高，因此要继续推动市场化改革，完善市场准入，鼓励各类投资主体有序进入能源产业的各个领域。从制度上提高化石能源系统的灵活性和效率，提高现有能源系统对波动性、高成本可再生能源的容纳空间，降低能源转型成本。另外，传统能源巨头一定是能源转型的主要参与者，但能源转型的方向和进展不能由传统化石能源巨头主导，因为它们可以从放缓能源转型速度和进程中获得经济利益。因此，要厘清政府和市场的边界，制定完善的“权力清单、负面清单、责任清单”，通过碳税手段对高排放行业进行有效调节，通过碳交易鼓励高排放行业通过技术创新实现节能减排，促进行业发展。

4. 推动能源技术革命

多种能源混合系统的能效比单一能源系统的能效更高，但其难点在于如何把多种能源进行混合，而非简单地把电、天然气、热、冷直接混合。想要实现多种能源间的互补，需要多种能源的耦合技术。目前，多能互补系统发电，多能互补与传统能源调峰、储能等技术不够成熟，风光水电储多能互补系统运行由于缺乏试验平台验证，可靠性不能得以保证。而且当前我国分布式能源、智能电网、微电网、储能、能源互联网、需求侧响应等新业态也都刚刚兴起，存在着技术经济、体制机制等各方面的问题，特别是能源技术创新能力不足，一些技术仅停留在概念上，转化应用尚待时日。因此，要加快研究综合能源系统多种能源的耦合技术，加大关键技术的投资研发力度。

5. 推动国际合作

在维护能源安全的前提下，积极参与全球能源治理，提升能源治理话语权，力争在应对气候变化、改善生态环境、能源系统转型等领域扮演重要角色。充分利用世界能源科技的溢出效应，促进我国能源科技创新，加速能源革命进程，早日迈进绿色低碳、安全高效、现代智能的新能源时代。

另外，在国内油气供应未取得大突破、替代能源还不足以成为主体能源的“断档期”，依赖能源进口是必然选择。只要有能源进口就不可避免地会存在风险，化解的办法就是广泛开辟贸易合作通道。既要重视与资源富集区的中东、北美、非洲国家的合作，也要发挥地理优势，重视与我国邻近国家就油气展开合作。紧抓“一带一路”倡议的重大机遇期，为油气合作创造条件，争取机会。

第二节　中国梦的新“三步走”战略与能源系统转型

习近平提出了“中国梦”[①]。中国梦的本质是国家富强、民族振兴、人民幸福。

党的十八大以来，党中央大力推进生态文明建设，将绿色发展确立为新发展理念的重要内容，将建设美丽中国列为实现中国梦的重要目标。我国高度重视良好生态环境的重要价值，多次强调经济发展与保护生态环境和谐统一的重要性，将建设生态文明、实现可持续发展作为工作的重点之一。因此，中国梦本质上是在生态文明建设、可持续发展约束下的经济增长、社会和谐和共同富裕。经济发展和生态文明建设的矛盾长期存在，如何维持二者的共同发展是重要的命题。其中，能源系统的转型将起到有力的推动作用。当前的中国能源系统严重依赖化石能源的使用，仍处在工业时代大量燃煤、燃油的时期，如此高增长、低环保的能源系统结构与新时代下中国梦的召唤存在显著矛盾。因此，通过推动能源系统的转型，发展建设与经济发展、生态环境保护更加适应的能源系统，将为中国梦的顺利实现及新时期的发展提供重要的基础保障。中国梦，是和谐发展的梦，是共

---

① 《学习贯彻习近平总书记参观〈复兴之路〉展览讲话述评》，http://www.xinhuanet.com/politics/2012-12/06/c_113936084.htm[2020-04-06]。

同富裕的梦，建设可持续性更强、与经济发展阶段相适应的能源系统是实现中国梦的必经之路。

一、新“三步走”战略需要新的能源系统提供支撑

1. 新“三步走”战略与旧“三步走”战略的区别

1978年党的十一届三中全会以后，邓小平结合时代新特征和中国处于社会主义初级阶段的基本国情，于1987年提出了分“三步走”的发展战略构想。

在随后的三十年间，我国人民在党中央的领导下共同努力，各行各业不断继往开来、开拓创新，创造了一段段属于我们自己的发展神话。中国经济实现巨大腾飞，经济、科技、社会文化获得全面大发展。20世纪80年代末，中国人民走过新中国成立初期的艰苦阶段，依靠我们勤劳的双手和百折不挠的毅力，基本摆脱了温饱难以保证的艰难年代，人民的温饱问题得到基本保证。2000年，我国GDP达到10 810亿美元，人均854美元，实现了邓小平提出的人均800美元的指标，长期困扰经济发展和人民生活的商品供应短缺的状况从根本上得到了改变，中国总体上进入了小康社会。邓小平同志提出的“三步走”战略的前两个目标已经实现。

2017年10月，中国共产党第十九次全国代表大会在北京召开。习近平在会议报告上描绘了我国社会主义现代化建设从现在到21世纪中叶的宏伟蓝图：“从二〇二〇年到二〇三五年，在全面建成小康社会的基础上，再奋斗十五年，基本实现社会主义现代化……从二〇三五年到本世纪中叶，在基本实现现代化的基础上，再奋斗十五年，把我国建成富强民主文明和谐美丽的社会主义现代化强国。”①

这一宏伟蓝图站在历史和时代高度，提出了中国特色社会主义未来发展道路上的三个奋斗目标，是继20世纪80年代邓小平提出“三步走”以来的新“三步走”战略安排，反映了中国共产党几代领导人对建设中国特色社会主义的接力探索和不断深化创新，是中国共产党在新时代建设中国特色社会主义的宏伟纲领。

两次“三步走”战略提出于不同的历史发展阶段，国家现实基础和经济发展阶段截然不同，因此两次“三步走”战略的侧重与内涵也存在明显差异。旧“三步走”战略提出于1987年，国民经济发展羸弱，人民生活还面临着商品供应短缺、日常温饱问题尚未得到解决的问题，基础行业发展尚不完善，互联网信息科技尚未萌芽，实现经济水平的高速发展及人民生活水平得到基本保障和大幅改善是当时所处阶段的主要任务。旧“三步走”更加强调的是实现国民经济高速发展的必要性，改善人民生活水平、解决温饱问题、实现小康社会是当时历史时期的主要诉求。新“三步走”在2017年提出，历史阶段已全然不同：20世纪90年代之后，

---

① 《习近平：决胜全面建成小康社会 夺取新时代中国特色社会主义伟大胜利——在中国共产党第十九次全国代表大会上的报告》，http://www.gov.cn/zhuanti/2017-10/27/content_5234876.htm[2021-03-23]。

中国经济开始走上持续发展的快车道，年度经济增速在1990年后的20年中基本保持在8%～12%。2010年后，快速腾飞的中国经济开始进入“新常态”，经济增速由高速增长逐渐转变为中高速增长，增速稳定在7%以下。在当前的历史阶段，单一地追求经济高速发展已不再是我国发展的目标，实现全面平衡、结构合理的协调发展是当前时期更加注重的目标。在实现经济中高速平稳发展的同时，注重生态文明建设和绿色化协调发展，逐步成为党和国家及人民的共识。

十九大报告中，将十八大报告中“建成富强民主文明和谐的社会主义现代化国家”①表述更改为了“把我国建设成为富强民主文明和谐美丽的社会主义现代化强国”②，加入“美丽”一词，正是习近平所倡导的“绿水青山就是金山银山”③理念的最好引证。这意味着，在当前及未来的阶段，更加注重经济发展和生态文明建设的协调统筹，更加注重生态环境保护与绿色协调可持续发展，将是我国在新的历史阶段继续为实现中华民族伟大复兴而不断努力的战略抉择。

2. 新“三步走”战略的发展要求与现实挑战

旧“三步走”提出时，我国经济总体上尚不发达，集中精力发展经济、解决人民温饱问题，更快地奔向小康社会，是当时历史时期的主要任务和目标。外部环境方面，当时中国还正处于工业化时代的中后期，大炼钢铁、基础设施建设等重工业板块燃料燃烧所排放的有害物质对环境的影响尚在早期，并不突出。总体上，经济社会发展和生态环境之间的矛盾并未完全地显露出来。审视世界各国，气候变化问题尚未成为国家发展面临的重大约束问题。

随历史进程的推演，我国在经历了近二十年的经济快速腾飞之后，经济进入中高速发展阶段，保持高速的经济增长不再是我们国家发展的单一目标。同时，经济高速发展与生态环境方面的矛盾开始凸显，并且有愈演愈烈的趋势：全球来看，全球气候所发生的剧烈变化、臭氧层空洞等异常现象，均与化石燃料的燃烧有直接关系。2013年发布的政府间气候变化专门委员会（Intergovernmental Panel on Climate Change，IPCC）第五次评估报告称，人类活动对气候的影响已经很清晰，有95%以上的把握认为人类活动是造成气候变化的主要原因。在碳排放方面，IPCC 第五次评估报告认为，将仅由人为二氧化碳排放引起的温升控制在相对1861～1880年提高2°C的条件下，全球累计二氧化碳排放空间应分别控制在0～

① 《胡锦涛在中国共产党第十八次全国代表大会上的报告》，http://www.gov.cn/ldhd/2012-11/17/content_2268826.htm[2021-05-11]。

② 《习近平：决胜全面建成小康社会 夺取新时代中国特色社会主义伟大胜利——在中国共产党第十九次全国代表大会上的报告》，http://www.gov.cn/zhuanti/2017-10/27/content_5234876.htm[2021-03-23]。

③ 《习近平：绿水青山就是金山银山》，http://theory.people.com.cn/n1/2017/0608/c40531-29327210. html[2021-03-23]。

1.56 万亿吨碳（33%可能性）、0～1.21 万亿吨碳（50%可能性）和 0～1 万亿吨碳（66%可能性）的范围内。自 1861～1880 年以来，截止到 2011 年，全球已累计排放 0.53 万亿吨碳，以上述在 66%可能性以上将温升控制在 2℃之内的情景为例，意味着 2100 年之前剩下的碳排放空间仅为 0.47 万亿吨。国内来看，新中国成立以来为解决人民温饱问题，全面建成小康社会，集中精力发展经济，常年密集而持续的重工业化进程对生态环境体系的伤害在逐渐显现。特别是在 2010 年之后，以北京为代表的全国多所城市开始出现雾霾天气，雾霾天气不仅如病毒般在全国的城市之间迅速传染扩大，还引发了全国人民对生态环境问题的关心和担忧。高强度的雾霾天气不可避免地通过人体呼吸的方式对身体健康构成较大威胁，人们甚至开始把雾霾天气作为城市发展的指标之一。人们对于环境保护、高质量空气、健康环境的需求和呼声越来越高，雾霾天气也使得生态环境问题逐渐演变为重大的社会问题，引发全国人民的大讨论。

严峻的生态环境问题，叠加我国经济发展进入新常态，保质保量增长成为更加重要的发展目标。在这样的背景下，更加符合新时代发展特点和要求的新“三步走”战略诞生了。新“三步走”战略的提出，是党和中央在新的历史时期，基于现阶段中国发展特点和人民精神文化生活需求所提出的，是更符合新时代的经济发展要求的具有重大指导意义的战略。“美丽”一词的加入，是说我国将从“集中精力、又好又快地搞经济建设”转变为“平衡科学、又好又快地发展经济”，意味着我们不仅在纵向上要保持我国经济的平稳增长，更要注意在横向上，将经济发展与生态文明建设紧密地结合起来。保持中高速经济发展的同时，注重生态文明建设和环境保护要求，两手一起抓。习近平提出的从“既要绿水青山，也要金山银山”到“宁要绿水青山，不要金山银山”，再到“绿水青山就是金山银山”[①]的三段论深刻地阐述了这一理念。简单精练的话语，却生动全面地涵盖了当前历史时期中国发展的主要特点，为我国的未来发展指明了方向，这既是开创，也是振奋人心的抉择。

究其本因，我国在前期发展中形成的以化石能源为基础的传统能源系统及相应的粗放式发展方式，是造成我国如今面临严峻生态环境问题不可推卸的主要原因。粗放式的发展对环境和生态带来的伤害是直接的、不可避免的。目前，我国仍旧依赖以化石能源为基础、以大规模集中式为主的能源系统为经济社会发展提供动力，而且形成了惯性较大的“路径锁定”效应。传统能源系统在继续助力经济发展的同时，效率、效益不高，并持续不断地对生态环境造成伤害，而这样的能源系统显然与新“三步走”战略指导下的又好又平衡地经济发展模式相矛盾。

---

① 《习近平：绿水青山就是金山银山》，http://theory.people.com.cn/n1/2017/0608/c40531-29327210.html [2021-03-23]。

发展经济的同时注重生态文明建设的愿景毫无疑问具有重大的价值，但是在具体的操作层面尚存巨大挑战。挑战的大部分来源于基于化石能源的传统能源系统已难以满足未来经济的发展要求，而且破除传统能源系统的“路径锁定”效应难度巨大。

3. 新“三步走”战略需要的新型能源系统

传统的以煤为主的能源系统，是我国经济社会发展已取得的成就的能源保障，但与此同时带来了很多环境与生态问题。因此，实现经济社会与生态环境协调发展，能源系统转型是关键。新“三步走”战略需要新的能源系统与之相配，所谓新型的能源系统，具体是指总体排放更低的、总体污染更小的、更加清洁低碳的能源系统。能源系统转型，就是目前以煤为主的化石能源系统转向以清洁低碳能源和可再生能源为主的新型能源系统。一方面，是能源品种的替代，包括一次能源结构和终端能源结构的优化；另一方面，是能源利用模式的替代（粗放式消费转向高质量消费、传统的大规模转向适度规模、单向流动转向双向流动、僵化转向灵活等）。

首先在能源品种的利用方面，新型能源系统的发展方向是以清洁、低碳、便利的电力、热力、燃气等来满足终端能源需求，以非化石能源作为新增一次能源及电热生产需求的主体能源。同时大力发展清洁化程度更高、污染更小的化石能源，逐步提高高效、清洁、低碳能源利用在整体能源利用中的比例。

由于能源具有不易储存、运输成本高、需要基础设施作为前提等特点，目前的能源供应方式主要是集中式供应。集中式供应能源由于损耗、远距离传输等原因，造成的能源损失明显，也造成了多余排放污染环境。并且，集中式能源供应的整齐划一性比较强，难以更好地满足不同家庭用户或企业用户的个性化用能需求。分布式能源系统是指比传统模式来说规模更小的能源系统，该能源系统为一个地区或楼宇的供能，在能效提升和满足个性化需求方面具有更加显著的优势。

二、经济、社会、生态、环境愿景与能源系统转型目标

1. 2035 年与 2050 年经济、社会、生态、环境愿景

在新“三步走”战略的召唤下，经济方面，到 2035 年我国经济实力、科技实力将大幅跃升，跻身创新型国家前列。人民生活更为宽裕，中等收入群体比例明显提高，城乡区域发展差距和居民生活水平差距显著缩小，基本公共服务均等化基本实现，全体人民共同富裕迈出坚实步伐。到 2050 年，我国物质文明将全面提升，全体人民共同富裕基本实现。

社会方面，我国到 2035 年人民平等参与、平等发展权利得到充分保障，法治国家、法治政府、法治社会基本建成，各方面制度更加完善，国家治理体系和治

理能力现代化基本实现；社会文明程度达到新的高度，国家文化软实力显著增强，中华文化影响更加广泛深入。现代社会治理格局基本形成，社会充满活力又和谐有序；到2050年我国社会文明将全面提升，实现国家治理体系和治理能力现代化，成为综合国力和国际影响力领先的国家。

生态与环境方面，到2035年实现生态环境根本好转，美丽中国目标基本实现。到2050年我国的生态文明将全面提升，建成富强民主文明和谐美丽的社会主义现代化强国。那时，我国将实现生态治理体系和生态治理能力现代化，成为世界上的自然资本强国、生态资本强国和引领世界生态文明建设的国家，使全体人民在基本实现生产发展、生活富裕、生态良好的基础上实现共同富裕，共享优质的生态环境产品，在优美的生态环境中更加幸福安康地生活。

2. 与新“三步走”战略愿景相适应的能源系统转型目标

如前所述，与新“三步走”战略愿景相适应的新型能源系统的特点主要表现在提高可再生能源利用比例、化石能源的清洁化利用和集中式向适度规模的分布式过渡三个方面。

2018年，我国一次能源消费结构中，煤炭、石油、天然气三大化石能源比例为85.3%，非化石能源比例为14.7%。目前，中国的一次能源消费结构中，化石能源仍占绝对主导地位。我们认为，建立与时代发展更加契合的新型能源系统，到2035年我国的可再生能源在一次能源消费中所占的比例应达到25%，非化石能源比重达到或超过30%；到2050年，可再生能源在一次能源生产中所占的比例应达到40%，非化石能源比重超过50%。

发电方面，2018年我国全年发电量为7.1万亿千瓦时，其中，火力发电在全体发电量中占比为69.8%，水力发电在整体发电量中占比为16.9%，核电与可再生能源在整体发电量中的比例为4.1%与8.9%。可再生能源发电在全体发电量中的占比较低。我们认为，到2035年，新型能源系统框架下可再生能源发电在整体发电中的占比应达到40%以上，到2050年可再生能源发电比例应在50%以上。

用户侧多能互补的综合能源系统是分布式的能源供应，能够更加高效、更加精准地服务于能源用户，其应用的能源主要为可再生能源和清洁能源。目前，多能互补的综合能源系统正在兴起，但所获得的市场份额还较小。多能互补的综合能源系统在节能方面有显著效果，能够更加精准地服务于用户的个性化需求，综合能源系统带有的自动化、智慧化的理念符合当前各行业发展趋势，未来将在提高用户能源服务体验、提高人类生活品质方面发挥重要的作用，具有极高的价值和前景。我们认为，以清洁能源和可再生能源为主的（用户侧）多能互补的综合能源系统的覆盖率在2035年应达到30%，在21世纪中叶应达到60%以上，让大部分的家庭用户和绝大多数的商业用户可以享受到智慧化的综合能源系统服务。

目前，化石能源的生产和利用情况中，大型化石能源发电厂的排放比例已经降至较低，主要的污染物来自民用散煤、排放设备和标准不严格的发电工厂、交通石油燃料排放和工业窑炉等方面。在新型能源系统的框架下，到2035年发电工厂的排放设备普及程度应超过90%，关停排放不达标的小型工厂，工业企业实现自动化和智能化转型，工业窑炉的污染物处理设备技艺水平提升和普及度超过80%。传统能源汽车在总体车辆中的占比降至30%以下，民用散煤使用规模减小，农村地区用煤情况得到大幅改善。到2050年，少数的、依然利用化石能源用能的工业企业和发电企业实现零排放，新能源汽车利用比率超过95%，杜绝民用散煤情况，天然气、太阳能、风能等更加清洁的能源品种成为区域民用能源的首选。

第三节 以能源革命推动经济社会与生态环境协调发展需要讲求“平稳切换、多能协同”

能源革命是推动经济社会与生态环境协调发展的重要手段，而中国的国情决定了无论是能源革命和能源转型，还是以能源革命推动经济社会与生态环境协调发展都需要走一条符合中国发展初始条件和约束条件的讲求“平稳切换、多能协同”的路径。

一、为什么需要“平稳切换、多能协同”

1. 生态环保、能源安全、气候变化问题并行出现，需要多能协同来精细地解决复杂性问题

在发达国家发展进程中，生态环保、能源安全、气候变化往往分别发生在不同阶段，各国通过制订更有针对性的政策规划，推动能源系统结构变化，从而解决发展阶段中遇到的不同问题。而中国发展中的生态环保、能源安全、气候变化问题往往在同一个发展时期并行出现。目前我国部分城市空气污染严重，生态环境改善迫在眉睫，这对我国能源结构调整和化石能源清洁化利用提出了严峻的要求。同时油气对外依存度高，能源供应安全存在隐患。在应对气候变化方面，中国承诺在2030年左右使二氧化碳排放达到峰值并争取尽早实现2030年单位GDP二氧化碳排放比2005年下降60%至65%的目标。

如何在保障能源安全的情况下改善生态环境问题，同时应对全球气候变化，这对中国而言是一个极具复杂性的问题，且在世界能源转型历史中也无案例借鉴。因此，中国必须讲求多种能源协同配合，做好化石能源清洁高效利用的同时，还需要持续发展以可再生能源为主的非化石能源。由于每种能源各有优势和劣势，单独注重每种能源都难以解决上述问题，必须做好多种能源优劣势互补的协同发展，才能精细地解决所面临的复杂性问题。

2. 巨大能源消费体量、以煤为主的资源禀赋决定了必须走从煤炭到非化石能源的、独特的“平稳切换、多能协同”路径

国家的能源消费体量往往决定了能源结构调整与能源系统转型的难度。我国的一次能源消费总量从 2009 年开始超过美国，居世界第一。其中 2017 年我国一次能源消费总量达到 31.32 亿吨标准油，占据世界一次能源消费总量的 23.2%。我国如此巨大体量的能源系统转型在世界上尚无先例可循。

人类从第一次工业革命开始走上了一条爆炸性的发展道路，传统生物质能源逐渐被化石能源所取代，此阶段的能源使用的演变主要由发达国家引领与推动。19 世纪生物质占世界能源消费的主导地位在 20 世纪初被煤炭替代，20 世纪中叶后，石油与天然气逐渐超越煤炭成为世界能源消费中的主要能源品种。

世界主要发达国家在经历石油及天然气大规模替代煤炭后，20 世纪 80 年代后，非化石能源开始发展，逐渐替代化石能源。图 1-3 为 OECD 从 1965 年至 2018 年能源消费结构，其中油气（石油及天然气）占比在经历了 20 世纪 70 年代的高位后，逐渐下降，目前基本稳定在 65%左右；而非化石能源占比稳步提高，在 2015 年超过煤炭占比，目前已接近 20%。

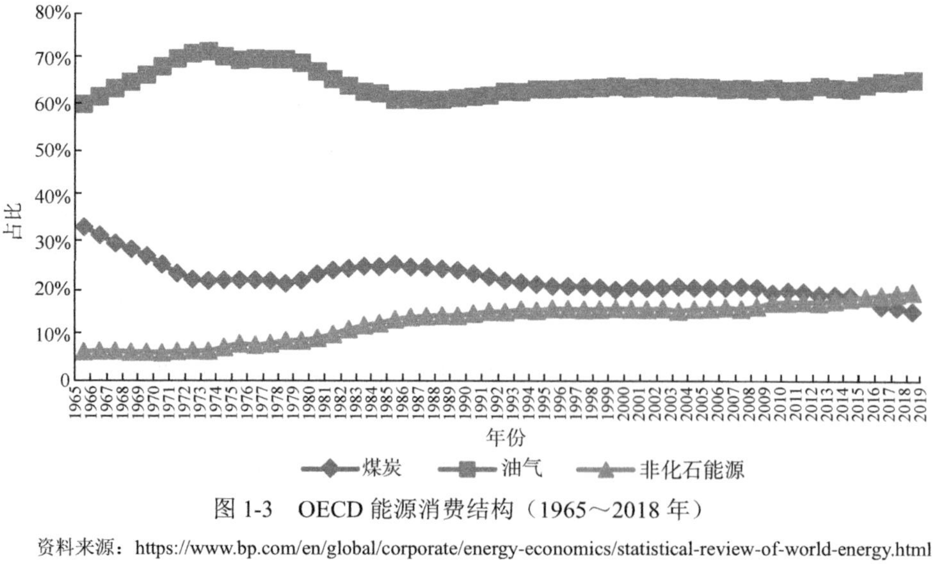

图 1-3　OECD 能源消费结构（1965～2018 年）

资料来源：https://www.bp.com/en/global/corporate/energy-economics/statistical-review-of-world-energy.html

当前中国以煤炭为主的能源结构的巨大的能源消费体量，“多煤、贫油、少气”的资源禀赋和能源安全要求，综合决定了中国能源转型不能走从以煤为主过渡到以油气为主再到非化石能源为主的发达国家路径，而应该走逐步控制煤炭、以油气作为辅助、持续提高非化石能源比重的，从煤炭时代直接过渡到非化石能源时代的“平稳切换、多能协同”路径。图 1-4 展示了中国从 1965 年至 2018 年能源消费结构的变化，从 2010 年左右起，中国煤炭在能源消费中占比开始下降，而油气与非化石能源占比逐渐提升。2018 年，中国能源消费结构中非化石能源占比约为 15%。

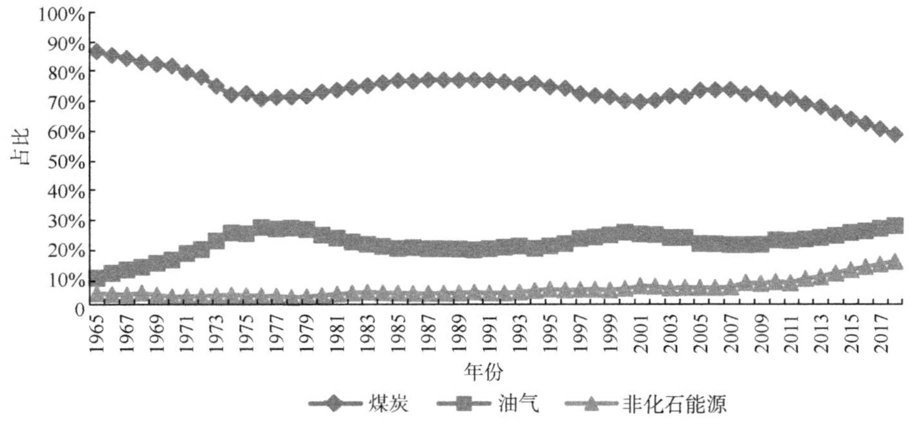

图 1-4　中国能源消费结构（1965～2018 年）

二、基于人均二氧化碳排放和人均 GDP 的“平稳切换、多能协同”路径模拟

经济社会与生态环境协调发展，可以从很多方面加以描述，可以从能源革命角度看，也可以从二氧化硫、氮氧化物、颗粒物等常规污染物和二氧化碳排放与经济发展的关系来讨论。不过，从生态、能源安全和气候变化等多个角度看，二氧化碳排放是一个从能源革命角度度量经济社会发展与生态环境关系的一个最恰当指标，我们将在借鉴发达国家经验基础上，以人均二氧化碳排放与人均 GDP 的变化关系来描述以能源革命推动经济社会与生态环境的“平稳切换、多能协同”路径。

1. 人均二氧化碳排放和人均 GDP 关系演进特征与驱动力：国际经验

1）人均二氧化碳排放和人均 GDP 耦合关系演进特征

在全球共同努力应对气候变化的背景下，各国能源系统低碳转型是大势所趋。为了能够对各国能源低碳转型进程进行研究，我们选择美国、法国、德国、日本、韩国与中国作为研究对象。从经济发展与生态环境两个维度考虑，我们选择人均 GDP 及人均二氧化碳作为指标，绘制出各国人均 GDP 与人均二氧化碳排放关系图（图 1-5）。

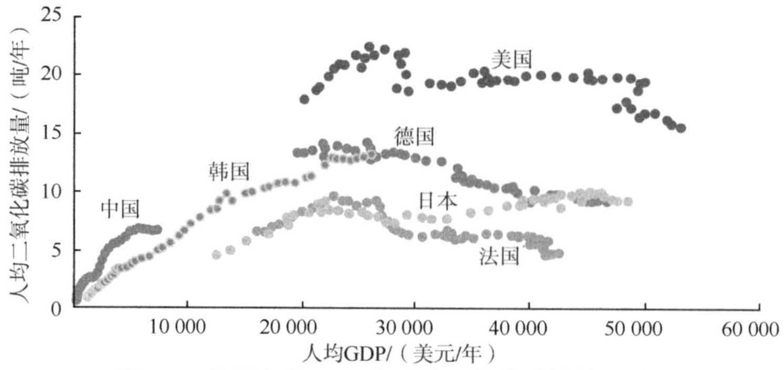

图 1-5 各国人均 GDP 与人均二氧化碳排放关系图

GDP 按 2010 年不变价美元计算

通过图 1-5 我们发现，在经济发展水平不断提高的同时，人均二氧化碳排放呈现出阶段性特征。变化特征可分为三个阶段：第一阶段为上升期，人均二氧化碳排放与人均 GDP 呈现同向变化，均呈上升态势；第二阶段为稳定期，虽然人均 GDP 持续增长，但人均二氧化碳却维持在稳定水平，并未呈现大幅上升态势；第三阶段为下降期，尽管人均 GDP 不断上升，但人均二氧化碳的排放呈现下降趋势。

其中美国、德国、法国已经度过上升期和稳定期，自 21 世纪以来人均二氧化碳排放与人均 GDP 解耦，进入下降期。日本在经历过快速发展的上升期之后，人均二氧化碳排放逐渐稳定，但还未出现下降趋势。韩国仍处于人均二氧化碳排放与人均 GDP 同向增加的上升期。我国目前仍处在上升期。

在经济发展初期，人均 GDP 的持续增长超出了能源强度和碳强度的改进幅度，因此人均二氧化碳呈现“上升期”，随着产业结构、能源结构的缓慢调整，以及技术水平的进步，能源强度、碳强度的改进幅度逐渐与人均 GDP 增长达到平衡，故人均二氧化碳进入“稳定期”，随着产业结构的不断优化、能源结构的低碳调整，人均二氧化碳逐渐进入“下降期”。产业结构的变动虽然较为缓慢，但它是决定能源强度的重要因素。

2）能源结构与产业结构变化是不同演进路径的两大驱动力

（1）能源结构变化的影响。1980 年以前，主要发达国家人均二氧化碳排放呈现下降趋势主要是因为石油对煤炭的替代，世界能源消费结构中，石油占比由 20 世纪 70 年代的 25%提升到了 20 世纪 80 年代的 40%。进入稳定期后，发达国家出现了不同的能源结构变动特征。可以看到，天然气和核能是发达国家实现人均二氧化碳排放进入稳定期的关键能源。稳定期阶段，美国各种清洁能源的比重未发生明显变化，能效的不断提高是其维持稳定的重要因素。

欧洲国家各清洁能源的比重有了显著的变化，德国主要依靠天然气和可再生能源，其核能比重出现了下降趋势。法国主要依靠核能实现了低碳化，使其人均二氧化碳排放量低于中国、日本、韩国、德国及美国。日本主要依靠核能，其次是天然气。进入下降期，“美国模式”中天然气仍发挥着重要作用，比重提升至30%，而核能及可再生能源虽有增长，但其占比仍未得到显著提高。欧洲国家则呈现出“去核化向可再生能源转型”的趋势，天然气占比未发生明显的变化；一次能源消费方面，化石能源占主导地位，占比超过85%。韩国随着人口的增长与经济的发展，化石能源消费大幅增长，导致人均二氧化碳排放持续增长。

截至2017年，我国的一次能源消费结构中煤炭占比仍超过60%，化石能源消费占比仍超过86%，我国能源系统的低碳转型仍然任重道远。

（2）产业结构变化的影响。从世界银行统计数据来看，美国在1997年的第三产业的比重已达到72%，远超过第二产业（23%）。德国在1980年，第三产业与第二产业处在相当水平，在1970～1990年，德国的产业结构进入迅速调整期，1991年第三产业占比为56.3%，第二产业占比为33.6%。

1980～1985年为日本产业结构调整期，虽然三次产业结构占比变化不大，但制造业内部正发生着较大的变化，化工制品、钢铁金属制品产业占比有所下降，机械机器制造占比不断提高。1986～1990年，日本的产业结构调整进入一个新的时期，制造业比重基本保持不变，主要表现为第一产业占比的下降，第三产业占比不断提高，到1994年第三产业占比为63.0%，第二产业占比为34.7%。

韩国在产业结构调整的过程中第一产业占比显著降低，第二产业、第三产业占比持续增加，2017年占比分别为35.9%、52.8%。

相比而言，中国2017年三次产业结构占比分别为7.9%、40.5%、51.6%，产业结构优化水平与各国相比仍有差距，现阶段与韩国的产业结构接近程度最高。

2. 人均二氧化碳与人均GDP关系演进的能源革命路径模拟

根据《重塑能源：中国》一书中关于中国宏观经济及能源消费的预测数据，我们绘制出关于人均二氧化碳排放与人均GDP的能源革命路径：可以预见，随着我国的人口总数增长变缓，强有力的政策执行力使二氧化碳排放总量得到有效控制，我国的人均二氧化碳排放量将进入稳定阶段，不再随着人均GDP的增长而增长；在2030年之后，中国可以通过产业升级和能源结构转型来推动能源强度和碳强度显著降低，从而实现人均二氧化碳排放与人均GDP解耦，进入下降阶段。

在情景模拟中我们发现，为了实现经济发展与生态环境的同步发展，我国的人均二氧化碳排放的增长趋势将在2020年左右出现急剧减缓，这对我国的能源系统转型、产业升级是一个挑战。因此，在能源革命的“平稳切换、多能协同”路径中，一方面要以生态环境为约束、能源转型为助力来主动推动产业转型升级，加速淘汰传统产业、发展新兴产业，从而加速能源侧的平稳切换；另一方面要主动顺应产业转型升级、经济社会发展的需要，安排好以能源侧多能协同为原则的精细匹配和适应，从而发挥好能源革命主动促进经济社会和生态环境协调发展的作用。

参考文献

陈佳贵，黄群慧，钟宏武，等. 2007. 中国工业化进程报告——1995～2005 年中国省域工业化水平评价与研究. 北京：社会科学文献出版社.
黄群慧，李芳芳，等. 2017. 中国工业化进程报告（1995～2015）. 北京：社会科学文献出版社.
马丽梅，史丹，裴庆冰. 2018. 中国能源低碳转型（2015—2050）：可再生能源发展与可行路径. 中国人口资源与环境，28（2）：8-18.
史丹，等. 2015. 新能源产业发展与政策研究. 北京：中国社会科学出版社.
朱彤. 2017. 识别能源转型的当前问题与未来挑战——以德国为例（上）. 能源，（1）：58-61.
朱彤，王蕾. 2015. 国家能源转型：德、美实践与中国选择. 杭州：浙江大学出版社.

第二章　推进能源革命的能源系统战略分析

第一章提出了要走“平稳切换、多能协同”路径实现能源革命推动经济社会与生态环境协调发展，其中能源系统转型是核心内容，且能源战略对国家及地区的能源系统转型影响巨大。因此，必须对能源系统转型进行综合性的战略分析，提出前瞻性的能源战略。本章将提出一种能源系统战略分析的方法，并对全球能源系统及我国能源系统进行战略分析，最终提出推进能源革命的战略任务、工程措施及政策保障建议。

第一节　能源系统战略分析的意义及研究方法

一、能源系统战略分析的意义

党的十九大提出 “推进能源生产和消费革命，构建清洁低碳、安全高效的能源体系”[①]。为落实推进能源生产和消费革命的战略要求，2016 年我国出台的《能源生产和消费革命战略（2016—2030）》 提出的战略方向为：以保障安全为出发点；以节约优先为方针；以绿色低碳为方向；以主动创新为动力。该文件还提出了围绕“四个革命、一个合作”的战略任务，包括推动能源消费革命，开创节约高效新局面；推动能源供给革命，构建清洁低碳新体系；推动能源技术革命，抢占科技发展制高点；推动能源体制革命，促进治理体系现代化；加强全方位国际合作，打造能源命运共同体。

然而，从系统的角度看，“四个革命、一个合作”并不是各自分立的，而是具有较强内在关联的一个有机系统。此外，随着中国越来越多地参与到全球化进程，也有必要持续从全球能源发展的高度来动态审视中国的能源生产和消费革命战略，并提出对能源革命推动经济社会发展和生态环境保护的启示。因此，下文尝试构建一个以能源系统分析为核心，结合可持续发展、社会治理、市场运行等

---

① 《习近平：决胜全面建成小康社会 夺取新时代中国特色社会主义伟大胜利——在中国共产党第十九次全国代表大会上的报告》，http://www.gov.cn/zhuanti/2017-10/27/content_5234876.htm[2021-03-23]。

影响因素的，同时适合分析全球和中国的能源系统战略分析方法。

二、能源系统战略分析的方法简介

能源系统战略可以理解为：一个特定的社会组织为了应对可持续发展的能源相关挑战，从整体社会治理角度所提出的能源系统发展的统领性计划。该计划主要作用于能源市场运行，从而最终影响能源系统的物理构成和技术性能，以实现特定的社会治理目标和可持续发展目的。因此，一个能源系统战略包含了四个基本要素：可持续发展面临的能源相关挑战，简称能源挑战；能源系统；与能源相关的社会治理，简称能源治理；与能源相关的市场运行，简称能源市场。

1. 能源挑战

世界环境和发展委员会在 1987 年《我们共同的未来》一书中提到，可持续发展是既满足当代人需要，同时不损害后代人满足他们需要的能力的发展。可持续发展优先考虑人们的需要，主要强调在满足当代人需要和使后代人拥有满足其需要的能力之间实现平衡。而可持续发展挑战则是指为了满足人们日益增长的需要，特定社会组织因面临资源和环境等方面的约束而提出的对一些问题和现象的质疑。

能源是可持续发展的“发动机”和必要支撑条件，足量、稳定的能源供应是发展的前提。为实现可持续发展，能源的利用需要实现资源永续性和环境友好性，并且不对人们的身体健康造成损害。在谈论能源问题时，可持续发展挑战所强调的主要是对能源开发利用相关的问题和现象的质疑，也就是能源挑战。国际应用系统分析研究所（International Institute for Applied Systems Analysis，IIASA）将全球发展所面临的能源挑战主要划分为能源公平、能源供应安全、能源绿色化三类，每一类所对应的严峻困局都与人类的生存与生活息息相关。

然而，上述观点的提出主要是针对发达国家的情况。对于发展中国家来说，经济发展才是国家的首要任务。应对可持续发展的挑战虽然也属于发展中国家需要考虑的问题，但其优先级是不同于发达国家的。例如，倪维斗院士曾提出中国能源可持续发展的四个目标：满足经济发展增长所需要的动力需求；保障能源安全；保护公众健康和生态环境；消除能源贫困。

综合考虑来说，IIASA 对于能源挑战的认识是比较到位的，但是具体到各个国家和地区，需要根据实际情况进行一定的调整。对于发展中国家来说，需要在应对三大挑战的同时，与国家的经济发展相协调，即应对四大挑战。

能源公平、能源供应安全和能源绿色化是每个国家和地区都需要面对的挑战，但对于不同的国家和地区，每一挑战的严峻程度和优先级是有所差别的。因此，分析能源挑战，首先要明确社会组织的需要，如经济和人口的增速与结构，以及相应的能源需求情况。其次要明确不同能源挑战的优先级，确保可以更合理地应对能源挑战。再次，需要对特定区域的社会状况和资源环境等边界条件进行描述。最后，辨识在当前历史环境下的能源需求，明确为满足人类能源需求所面临的可持续发展挑战，以便更好应对。

2. 能源系统

能源系统是能源进行合理转化和利用的载体，是将自然界的能源资源转变为人类社会生产和生活所需要的特定能量服务形式（有用能）的整个过程。完整能源的利用链一般包括来源、运输、转化、分配和终端利用五个过程。能源来源涉及一次能源的生产与加工过程。一次能源经初步加工后，通过多种运输方式运往再加工场所。经进一步转化后的能源，通过分配网络进入终端用能部门提供最终能源服务。由于地理环境、资源储量、技术条件等差异，世界各国之间的能源系统存在差异。面对可持续发展挑战，能源系统的优化改造是必要的措施，而这就需要对能源系统进行深入的分析，在此基础上确定可行的方案。

能源系统分析是以系统的整体最优为目标，对能源系统从生产到终端利用的各个环节进行定性和定量分析，从而为决策者提供直接判断和决定最优方案所需的信息及资料的方法。在进行能源系统分析时首先应该明确所研究区域能源系统的组成结构，确定系统边界及相关环节和部门，确定物理系统运作的原理，利用一定的模型和方法清晰描绘该区域能源系统的概貌（目前，分析能源系统的方法及工具主要有能源平衡表、投入产出方法和能流图等，以能流图为例，能源系统在能流图中被描绘为能量和物质不断转化及转移的网络结构，可以基于热力学定律对系统进行分析）。在此基础上进行深入调研，采集相关能源数据填充模型，分析系统变化的规律与相关影响。最后，结合所面临的能源挑战，从物理系统上找出导致相关问题的根源所在，从而针对这些问题提出能源系统层面的改进措施与可行方案。

3. 能源治理

自上而下的垂直管理不适应现代社会的进程，无论在全球层面还是在地区、国家层面，大多数决策都主要依靠治理。根据联合国的定义，治理是行使经济、政治和行政权力去管理国家各级事务。它包括公民和团体通过机制、过程和体制表达自己的利益，行使其合法权利，履行其义务和调解其分歧。治理是由共同目标作为支撑，所以其不仅包括官方的、正式的机制，同时还包括符合共同利益的私人和组织的非正式共识。能源领域充满了公共产品问题及外部性，这些都需要通过治理来解决。

能源治理是指就如何提供能源服务做出决定的行为者、制度和程序。它涉及与能源有关的行为者，如政府、非政府组织、民间社会团体、公司、公民和公私合作伙伴关系（public-private partnerships，PPPs），以及做出决定所依据的制度或规则，以及与能源有关的规则的议程制定、谈判、执行、监测和执行程序。

在国家及全球层面支撑能源治理的目标均是应对能源的可持续发展挑战，但是其侧重点各有不同，国家能源治理首先是为了应对能源供应安全挑战，而全球能源治理主要是为了应对能源公平及能源绿色化的挑战。

4. 能源市场

市场是商品交换关系的总和，通过商品和服务价格建立的过程，促进贸易与资源分配。能源市场指交易者所交换的商品为能源商品的市场。能源市场的运行主要指涉及能源开发利用的人或组织的日常行为和相应的机制。例如，能源的生产、进出口、储运配、消费等方面的市场行为。

能源市场的运行分析首先需要识别某区域参与能源市场的利益相关方，确定将会影响能源市场构成与运行的人或组织。其次，需要明确各利益相关者在该区域能源市场中所扮演的角色及其利益诉求。能源市场不同参与者的认知观念、利益需求、交易行为的差异，共同构建起能源市场在结构和交易流程方面的规则，进而影响能源系统的构成。再次，确定市场利益相关者之间的现行机制与模式，分析理解目前机制形成的特点，探讨是否存在因利益冲突而无法满足社会治理要求的问题等。最后，针对市场运行与治理目标间可能存在的冲突，提出能源市场协调与优化的方向。

能源生产转化的目的，是满足全社会稳定运行的消费需求。这一目标通过能源市场的商品交易和优化配置的功能来实现，同时伴有社会治理的干预和管控。能源分配并最终利用的过程以市场为核心，能源市场的发展构成反之影响能源系统的物理构建。因此，对能源市场运行的研究分析，在能源系统的战略分析中具有重要的意义。

5. SEGO 的整体统一性

从分析方法的角度，以上四点的主要联系为：为了应对能源挑战，研究者需要首先理解能源物理系统的基本构成、发展趋势及未来的技术选项。这里主要涉及从资源、环境、经济、社会等角度对能源挑战的界定，以及为了应对能源挑战、针对能源系统存在的问题而提出的可能技术选项或系统方案。实现能源系统的转型调整，需要能源治理层面的整合协调机制。然而，不同国家和地区之间的能源治理模式有所差异，利益相关方也不尽相同。利用动态的思想进行具体问题的具体分析显得尤为重要。同时，能源作为一种商品必须通过市场由生产者传向消费者，实现能源的终端利用。能源生产的最终目的是满足国家地区发展、人民日常生活的各项需求，能源的终端利用也是能源物理系统的重要组成部分。因此，理解目前的市场运行机制，并探讨是否存在因利益冲突而无法满足社会治理要求的问题等，使得能源系统转型后的选项在能源治理的干预和指导下，更好地服务于全社会稳定运行的消费需求。

以能源挑战为原因，能源系统为主要载体，能源治理为维稳手段，能源市场为传导机制，四部分的协调共通构成了经济社会中能源与生态、环境、经济、社会等交融互联的复杂动态机制，也成为能源系统战略分析中不可或缺的组成部分。

具体地，能源挑战应依据世界或国家能源发展中已遇到或可能遇到的困难，说明世界或国家面临的能源发展困局。能源系统应从目标区域的能源生产结构、消费结构等方面展开。能源治理应以某区域的能源治理结构为核心，理清权力的结构和治理的模式，提出改革方向的建议。能源市场旨在阐明某区域能源市场的主要利益相关者，厘清能源市场主体间的关系及冲突，提出市场体制和机制发展方向的建议。

下文将基于该战略分析方法，对全球和我国的能源系统进行战略分析，并总结对于推动能源生产和消费革命的启示。最后，通过全局性的系统思考，进一步提出推进能源生产和消费革命的战略任务及工程措施。

第二节　全球能源系统的战略分析及其启示

一、全球能源挑战

能源在各个国家的发展进程中扮演着重要的角色，与水、粮食一道构成了人类赖以生存的三大要素。近代社会，人类利用能源的手段方式不断创新，有利推动经济社会发展的同时，也带来了严峻、复杂的现实挑战。随着世界政治、经济、资源形势的变化，全球能源在结构和利用方式等方面存在着复杂的困局，这将是全人类面临的巨大挑战之一。国际应用系统分析研究所将全球发展所面临的能源挑战主要划分为能源公平、能源供应安全、能源绿色化三类，每一类所对应的严峻困局都与人类的生存和生活息息相关。

可持续发展面临的能源挑战本质上来源于人类对能源的需求正在不断发生着变化。随着世界经济的发展和人口的增长，人类对能源总量的需求不断增长。同时，伴随全球现代化进程的推进，人类精神物质文化需求不断扩充，对能源公平性、可持续性和绿色化利用的要求逐步提高。长期以化石能源为主导的世界能源体系所引发的能源问题甚至危机正在显现，引发了人类对于能源品种调整的需求，这涉及了化石能源内部结构的调整和对化石能源与非化石能源比例的探索。

1. 能源公平

能源公平是指为全人类提供可支付得起的能源服务。然而，仍有超过 26 亿人无法获得现代能源服务。严峻的能源公平供应形势，要求我们为全人类提供范围更广、准确度更高、稳定性更强的能源供应服务。世界落后国家及部分国家的贫穷地区的人们仍在无法获得稳定持续的能源供应中生活，要实现全世界范围的能源公平，还需要能源开采、输配、使用技术的进一步发展支持。

能源公平问题的形成原因主要来源于能源供应及能源成本两方面。第一，地区能源的稳定提供在于稳定的能源输送，由于能源这类商品具有危险性和不易保存性，稳定能源输送依赖于有规模的基础设施。基础设施构建需要较高的前期投入，对于整体经济发展水平滞后的小国，基础设施的初投资不足致使其基础设施建设水平严重滞后，从而无法提供稳定安全的能源输送的前提保障。第二，能源的有限性需要人们对所使用的能源支付成本。特别是对于某些能源资源禀赋匮乏的地区，能源的运输成本和关税的存在使得能源的价格被推高，使得贫困国家的部分人群难以支付得起高昂的使用成本。

2. 能源供应安全

能源供应安全是指对能源系统各部分的增长的能源需求有安全的能源供应能力，防范并减少与能源相关的风险，防止间歇性和其他潜在的供应中断，并不断扩大储能能力。经济中各环节的生产、加工、制造、终端利用过程都与能源的稳定充足供应有着紧密联系。

1973 年石油危机后，1974 年成立了国际能源署（International Energy Agency，IEA），其宗旨是：成员共同采取措施，控制石油需求，在紧急情况下分配石油，并规定成员有义务储备相当于 90 天净进口量的石油。在传统的能源安全观中，能源安全主要指的是石油的供应安全，最多将其拓展至天然气的供应安全。

1998 年，时任 IEA 主任的罗伯特·普瑞在美国华盛顿发表了题为《能源安全——至关重要的概念，不断演变的定义》的演讲，世界的能源安全观开始发生转变。随着世界能源形势、国际能源市场的不断变化，能源安全的维度被不断拓宽。在现代能源安全观中，电力作为当今世界普惠性高、应用广泛的能源，也被视为能源安全的重要组成部分。电力与人民生活联系最为紧密，对国计民生产生重大影响。20 世纪中期以来，以信息技术为代表的高新技术产业的蓬勃发展，以及当今人工智能、智慧能源等新概念的提出，基本均以电力能源作为基本保障。2008 年，中国南方曾因冰雪灾害造成了大面积的停电，对城市居民的日常生活和交通出行造成较大障碍，引起了不小的负面影响。电力的稳定、充足供应是能源供应安全的重要组成部分。

能源供应安全问题从本质上讲源于资源的分布不均。由于历史的演化和地理环境条件的差异，不同国家的资源禀赋存在显著的差异。一旦一个国家不能持续稳定地从内部获得资源，对能源进口产生依赖效应，能源供应安全的隐患对于该国家就会更为显著。此外，目前世界尚未形成统一的能源市场，能源商品的市场化进程尚在推进过程中。市场机制的不完善导致能源可以被部分具有充足资源禀赋的国家所垄断，加大了其他国家发生能源供应危机的风险。如前所提及，部分地区能源基础设施的落后使得能源供应隐患更为突出。资源、市场、基础设施等问题是能源供应安全问题的主要诱因。

3. 能源绿色化

能源绿色化是指在能源生产和利用过程中从以较低的比例利用绿色能源的状态逐渐向以更高比例利用绿色能源的状态过渡，提倡在能源生产利用的过程中，应尽量减少对生态和环境的负面影响，朝着有利于生态和环境的方向进行能源开发利用，主动发挥积极的修复作用。

能源绿色化主要涉及环境保护和生态两个方面问题的解决。其中，环境保护问题主要包括空气、水和土壤的治理问题。空气污染指的是由于人类活动或自然过程引起某些物质进入大气中，呈现出足够的浓度，达到足够的时间，并因此危害了人类的舒适、健康和福利或环境的现象。水是生命之源，水治理主要涵盖水的供应问题和水污染的防治问题。土壤污染防治方面，土壤安全与食物安全直接相关，防治能源利用对土壤造成的污染是重要的环保目标之一。生态方面，不合理的能源结构有可能导致生态系统的非正常化现象。比如，全球气候发生的剧烈变化、臭氧层空洞等异常现象，从直接原因上来看，均与化石燃料的燃烧有着密不可分的关系。

气候变化已经成为全球面临的重大、迫切挑战。2013 年发布的 IPCC 第五次评估报告称，人类活动对气候的影响已经很清晰，有 95%以上的把握认为人类活动是造成气候变化的主要原因。在碳排放方面，IPCC 第五次评估报告认为，将仅由人为二氧化碳排放引起的温升控制在相对 1861～1880 年提高 2℃的条件下，全球累计二氧化碳排放空间应分别控制在 0～1.56 万亿吨碳（33%可能性）、0～1.21 万亿吨碳（50%可能性）和 0～1 万亿吨碳（66%的可能性）的范围内。自 1861～1880 年以来，截止到 2011 年，全球已累计排放 0.53 万亿吨碳，以上述在 66%可能性以上将温升控制在 2℃之内的情景为例，意味着 2100 年之前剩下的碳排放空间仅为 0.47 万亿吨。

因此，在能源发展过程中必须高度重视生态和环境保护，积极发展对于生态和环境保护友好及有利于修复生态环境的能源品种和技术。

总体来说，人们一直致力于用化石能源解决能源贫困和供应安全的问题。然而，化石燃料的过度使用呈现出显著的负面作用，碳排放造成的高成本难以支付，能源绿色化难以被同时兼顾。为了尽可能使能源公平、能源供应安全和能源绿色化同时实现，首先需要从能源系统，也即物理系统的层面提出更适应目标要求的解决方案。其次，能源与国家安全、区域安全息息相关，具有较强的垄断性，社会治理和制度与能源发展相适应并协调配合，将是实现能源转型三元目标的制度保障。最后，局域性的能源市场已经形成，这在区域和世界层面要求有更完善的市场机制，充分发挥市场的资源调配和优化配置功能，从物理系统、政策制度、市场机制三方面着力入手，为解决全球能源面临的挑战创造更多的空间。

二、全球能源系统

1. 一次能源生产总量与结构

根据 IEA 发布的基于电热当量法的 2018 年能源桑基图，全球一次能源生产总体情况如图 2-1 所示。

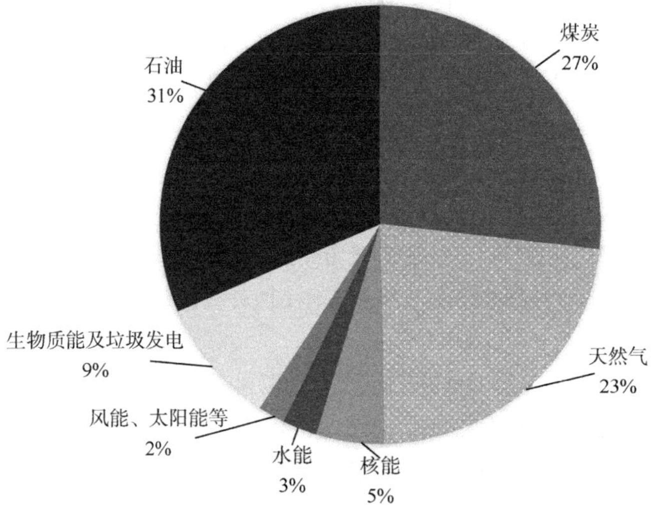

图 2-1　2018 年全球一次能源生产分布比例图

由 IEA 口径数据可知，2018 年全球一次能源生产仍以三大传统化石能源为主导，占总量的比例高达 81%，居于绝对的核心和主导地位。2006 年，全球一次能源生产中，化石能源占总量的比例为 81.7%。而在 1996 年前，这一数据为 72.9%。化石能源在一次能源生产中的占比数据在近二十年间出现增长，近十年间基本稳定在 80%左右，依旧占据着绝对的主导地位，目前并无现实数据显示该比例有下降的趋势，也从侧面说明实现非化石能源替代化石能源目标的艰巨性。

世界能源体系的重塑需要各个国家的努力和国家间的协作应对，这使能源体系发生重大的根本性变革挑战巨大。在清洁能源、绿色能源概念逐步被更多人认识并看好的当下，虽然丹麦、荷兰等国家已在清洁能源的生产利用方面达到世界先进水平，但是就全球能源体系而言，化石能源的主导地位到目前为止依旧没有出现明显的减弱迹象。由于大多数国家尚不具备大幅提升非化石能源利用比例的技术水平，以及自然条件是能源体系难以短时间内发生根本性变化的内在原因，因此优化全球能源生产结构需要技术变革和国际协作作为支撑。值得注意的是，近年来煤炭的生产总量出现下降，天然气生产总量持续攀升，全球第二、第三大能源的生产量差距逐渐缩小。

成本较低、技术水平要求更低的化石能源仍是解决能源贫困等挑战的主要途径。然而，单一路径的过度依赖，导致了生态体系承受压力巨大。为解决该困局，我们提倡应当在总量上控制化石能源的消费量，同时注重内部结构的合理调整。同时，我们认为能源转型并不等同于将化石能源大量放弃，而是应当在尊重客观事实的基础上，进行渐进转型。

对于化石能源，三种化石能源对生态环境的影响程度存在区别：煤炭中含有的硫、氮、矿物质和碳元素，经过复杂的化学和物理反应后，转化为二氧化硫、氮氧化物和 $PM_{2.5}$ 等，导致空气污染。碳元素燃烧形成的二氧化碳，是导致全球气候变化的主要原因。石油在炼制过程中会产生大量的废水、废气和废渣，如含油污水、含硫污水、烃类气体排放等物质，含有的硫化物、氨氮物、氰化物等对环境和大气造成严重破坏。相比之下，天然气是更加清洁和低碳的化石能源。其主要成分是甲烷（CH_4），处理加工后杂质的成分极少。同时，等热值的碳排放为石油的 75%、煤炭的 60%，排碳量更低。因此，在考虑了用能需求和可持续发展原则后，我们认为天然气能源的综合利用价值更高。有效控制煤和石油的用量，更加注重天然气能源的发展，应当是全球能源转型过渡阶段的战略选择。

2. 终端能源消费和电源结构

终端消费方面，根据 IEA 最新发布的基于电热当量法的 2016 年能源桑基图：石油方面，全球大约有 65%的石油生产量被用于交通出行领域，居于绝对主导地位；煤炭方面，超过 67%的煤炭生产被用于电力行业，发电是煤炭的主导用途；天然气方面，58%左右的天然气被用于工业和建筑，41.7%的天然气生产被用于电力行业。

从总体消费用途角度，全球来看，约有 28.8%的能源被用于工业领域，28.75%的能源用于交通出行领域，33.3%的能源被用于建筑能耗。三大类领域消费分布比较平均。而在 2006 年，在工业领域、交通出行领域、建筑能耗领域所使用的能源比例分别为 28.6%、27.6%、34.8%。尽管随着年份推演，微观角度看国家的能源利用品种和格局可能发生显著变化，但是从宏观角度来看，全球能源终端利用近十年的变化非常微弱，能源消费总体分布比较稳定。

从终端来看，工业、交通、建筑三大用能领域对于化石能源的依赖程度依然较高且在过去的一段时间内保持稳定。宏观层面，整体用能结构固化问题严重，需要从物理结构上调整终端的结构。微观层面，交通运输领域严重依赖石油，全球交运体系用能以石油为主。降低对石油的依赖主要有两条路径：其一是采用先进的发动设备，相同里程下节约油耗；其二是大力发展新能源汽车、燃料电池，积极寻找传统石油的替代品。通过争取政府政策的红利，扩大产品的市场渗透程度，从根本上改变人们的交通出行方式。工业领域对于煤炭严重依赖，企业从成本利润角度出发，价格低廉的煤炭自然而然成为优良选择。改变工业企业对煤炭的依赖并不容易，这一方面需要相关部门出台更严格的监督、管理措施，另一方面也需要政府机构对于工业企业用能进行合理引导，并配合税收等行政化手段对工业企业用能结构进行调整。建筑领域，太阳能项目和地热项目具有较大的发展潜力，建筑的光照采集和地热收集更具优势。建筑领域能耗低于工业领域，其分布具有分散、灵活的特点。发展清洁低碳的建筑能耗结构，应当从分布式的、可再生的、易获取的清洁能源角度考虑，逐步培养起居民用户的清洁用能理念。

三、全球能源治理

从全球视角出发的社会治理主要指的是全球治理。全球治理包含两种模式：其一是强调多主体参与的，多边力量共同主导的全球治理模式；其二是以个别国家掌握主要权力的超级大国模式。全球大多数国家希望形成更加平等互惠，有利于维护全世界和平稳定、经济发展的多边力量共同主导的全球治理模式。然而，也有部分国家希望长期形成单边主导的霸权势力，不愿积极推动多边力量共同主导的全球治理模式的形成，这将显著危害到全球多数国家的合作与发展。能源是国民经济的重要命脉，一直以来在国际政治关系中都扮演着重要角色。在全球多边政治力量角逐过程中所形成的国际组织，一直保持着对能源领域的控制和协调。除此之外，由于历史上出现的能源冲突，世界各国为了促进世界能源或区域能源的安全可持续，成立了一些专门针对能源治理管控的国际组织。

1. 联合国

联合国作为维护世界和平，协调国际关系，促进世界各国经济、科学、文化发展的重要国际组织，在世界能源与可持续发展方面做出了显著贡献。2011 年，时任联合国秘书长潘基文发起了“人人享有可持续能源”（sustainable energy for all）倡议。该倡议提出了三大战略目标，分别是到 2030 年确保全球普及现代能源服务；能源利用效率翻番；可再生能源在能源消费结构占比翻番。为更好实现倡议目标，潘基文于 2013 年任命倡议特别代表一职并在维也纳设立办公室，负责在全球范围内推动倡议实施。

此外，联合国提出的可持续发展目标（sustainable development goals）将在千年发展目标到期之后继续指导 2015～2030 年的全球发展工作。2015 年，联合国可持续发展峰会在纽约总部召开，联合国 193 个成员在峰会上正式通过 17 个可持续发展目标。可持续发展目标旨在在 2015 年至 2030 年间以综合方式解决社会、经济和环境三维度的发展问题，该目标将指导解决 2015 年至 2030 年间全球发展的政策等问题，引导全球迈上可持续发展之路。

1992 年 5 月通过了《联合国气候变化框架公约》，1992 年 6 月由 150 多个国家及欧洲经济共同体共同签署。公约由序言及 26 条正文组成，具有法律效力，该公约的终极目标是将大气中的温室气体浓度维持在一个稳定的水平，在该水平上人类活动对气候系统的危险干扰不会发生。1995 年起，公约缔约方每年召开缔约方会议以评估应对气候变化的进展。1997 年第三次缔约方会议通过了《京都议定书》，自此温室气体减排成为发达国家的法律义务；2009 年末，第十五次缔约方会议达成不具法律约束力的《哥本哈根协议》，对于发达国家强制减排和发展中国家采取自主减缓行动等问题做出安排；2015 年末，近 200 个缔约方在巴黎气候变化大会上达成继《京都议定书》后第二份具有法律约束力的气候协议——《巴黎协定》，该协定对 2020 年后全球应对气候变化行动做出了安排。

联合国致力于促进世界各国多方面的合作与发展。其在维护世界和平、解决地区冲突、协调国际经济关系等方面都发挥了相当重要的作用。和平与安全领域是联合国涉足较多的领域之一，20 世纪 90 年代以来，联合国协调或解决了多起国家之间的冲突。提升世界经济发展水平，拓展人类的知识和技能也是联合国的重要目标之一，千年发展目标是该领域任务的宗旨。除此之外，联合国在人权、世界遗产、医疗等方面均有涉猎。生态环境保护、可持续发展等目标仅是其中之一。国际社会普遍认为联合国因涉猎范围较广，主要管控领域偏向和平与发展主题，在生态环境保护、气候变化方面的领导作用比较有限。

2. 石油输出国组织

石油输出国组织（Organization of the Petroleum Exporting Countries，OPEC）是为反对西方石油垄断资本的剥削和控制而建立的国际组织，主要成员包括伊拉克、伊朗、科威特、沙特阿拉伯、委内瑞拉等亚非拉石油生产国。石油输出国组织的宗旨是：协调和统一成员国石油政策，维持国际石油市场价格稳定，确保石油生产国获得稳定收入。

石油输出国组织协调各国石油政策，共同制定原油产量和价格，以共同对抗西方国家对于石油生产国的剥削，实现对本国资源的保护并维护自身的利益。石油输出国组织成员国控制着全球大约 2/3 的石油储备，其依据经济走势和供求因素等多项指标来磋商石油政策的调整，其中对于石油产量的增减变动将对世界石油价格产生显著影响。例如，1973 年美国在赎罪日战争中支持以色列后，石油输出国组织曾拒绝运送石油至赎罪日战争使得油价上升 4 倍，该行为持续了 5 个月之久并触发了全球性的石油危机。

随着国际地缘政治形势和能源形势的变化，石油输出国组织目前面临着多重挑战。目前世界原油供应的格局是石油输出国组织、北美和其他产油国平均分割的格局。2015 年之后，俄罗斯石油出口量不断增加，其中很大部分原因是其与石油输出国组织竞争市场份额，俄罗斯基准原油的乌拉尔混合原油类似于伊朗原油，使得俄罗斯的生产厂商有动力向国外销售石油。新兴力量的崛起，使得其他力量对于全球石油价格的威胁更大，石油输出国组织一直以来在石油市场上享有着较高的话语权，而这一现象正在被削弱。同时，全球能源方面的社会治理正在向强化清洁低碳的方向发展，这与石油输出国组织显得格格不入，也可能成为其未来转变职能和形式的主要原因。

3. IEA

20 世纪 70 年代石油危机之后，为了制衡石油输出国组织，美国率先提出了建立发达国家能源消费国组织的倡议。1974 年，OECD 成员国外交部长会议在华盛顿召开，通过了组建能源协调小组以制定国际能源纲要的决议。IEA 的宗旨在于协调各成员方的能源政策，不断发展成员方在石油供给方面的能力，加强成员方相互之间的合作以减少对石油的依赖，在发生石油短缺时按计划互相分享等。其目标主要在于建立稳定的国际石油市场信息系统，改进全球的能源供需结构和协调成员方的环境及能源政策。

IEA 在 20 世纪 70 年代成立之初是为了制衡石油输出国组织，保障成员的能源安全问题。根据近几十年来国际能源形势、政治外交形势出现的多重变化，美国等国家对中东地区石油制裁等事件令世界石油格局发生新的变化，IEA 的目标和宗旨与成立之初已有了显著转移。目前，IEA 在促进成员能效提高、可持续发展、低碳发展方面做出了更多贡献。

由于 IEA 在能源领域专业化、深入化、专注化的领导，其在全球范围内的影响力显著提升，能源领域内的领导力不断增强。IEA 在能源信息统计方面做出卓越贡献。目前，它已成为全球各个国家和地区能源数据统计的权威发布机构，包括供给、需求、贸易、生产及消费数据等，有利于各国进一步对能源系统优化配置进行深入研究。作为全球性质的政府间能源机构，IEA 在维护全球石油市场稳定发展、发布权威能源信息等方面具有重要的治理作用。

目前所面临的问题是美国长期以来的超级大国地位使得国际组织在能源领域治理的作用一直有限，多数国家所希望形成的多边力量共同主导的全球治理模式和美国希望延续的超级大国模式之间的博弈带来较多不确定性。同时，能源领域更多的是各国各自为战的格局，国际组织的能力十分有限。因此，全球能源治理始终缺乏统一的领导、协调机制，这一点在与能源相关的气候治理方面显得尤为突出。如此的现状既为能源的清洁低碳化发展带来挑战，也意味着全球的各方组织力量面临着历史的机遇。

四、全球能源市场

能源作为一类商品在世界范围内流通和贸易，从市场观点出发来进行能源问题分析具有重要价值。能源在市场运行中所存在的主要形式是能源商品的现货贸易，能源商品的期货贸易及能源技术的合作共享。贸易的基本模型由能源生产国、过境国和主体消费国构成，国际组织架构在上层进行统一的指导协调。由于能源商品具有对环境造成污染、难以保存、运输困难等特性，能源贸易显著区别于一般贸易模型之处在于过境国在贸易进行过程中发挥了重要的作用，历史上因过境国协调摩擦导致能源贸易受阻等的案例时有发生，在能源贸易模型的分析中应当给予高度关注。

以图 2-2 所示的石油贸易为例，石油贸易市场的主要参与者为出口国、过境国和进口国，构成主要利益相关方。主要利益相关方可能作为成员方来自 OPEC 或 IEA 等国际能源组织，代表着各自组织的立场和利益关系。能源贸易的核心建立在市场之上，石油作为一类重要的大宗商品，主要由现货市场和期货市场两个市场构成。完善、成熟的金融市场体系将为石油贸易提供保障。与此同时，金融机构作为金融市场上的重要参与者和中介服务机构参与到石油贸易中，而部分跨国公司由于本身业务涉及多个地区市场，在国际贸易中能够提供增值服务或具备参与优势，也有可能参与到贸易活动当中。WTO 作为最上层的协调和管理体系，对整个贸易条款的签订、贸易的实施环节进行管控。

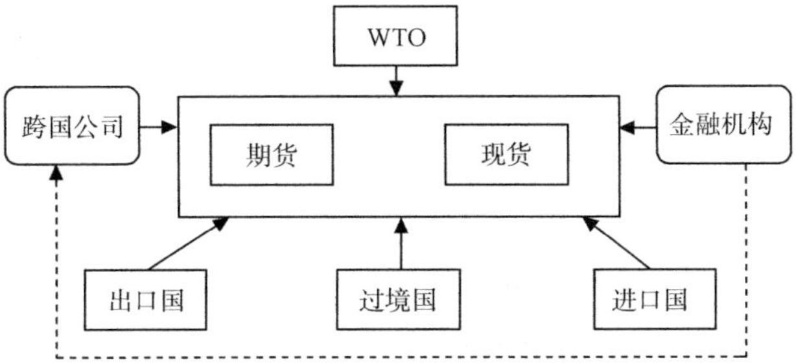

图 2-2 世界石油贸易体系模型图（简易）

能源贸易的过程中部分国家具有较大的结构性权力，由于部分超级大国的影响力较强，可以通过影响 WTO、金融机构和跨国公司对能源贸易形成干涉。部分超级大国通过持股金融机构、跨国公司，同时推行相应货币结算体系等方式，在能源贸易领域建立起一套本国主导的贸易体系，以更大限度地实现国家利益。近年来，中国在推行人民币结算的过程中，吸引跨国公司来中国开展业务、买卖交易。从内部来看，石油贸易体系的核心是市场的建立和成熟，中国的金融市场尚在发展早期，大宗商品的期货、现货市场发展尚不成熟，与美国、新加坡等成熟金融市场相比仍存在客观差距,这也是中国石油贸易市场发展的主要阻力之一。

能源作为具有较强的商品属性的物品，市场运行机制对能源有重大的影响。我们认为应当建立以市场为中心的能源商品贸易机制，促进能源的商品化，充分发挥市场的优化资源配置功能，同时辅以必要的区域治理和社会治理结构，建立更加成熟的能源运行体系。对于中国而言，要想增强国家在世界能源体系中的作用，更好地发展本国经济、满足能源需求，必须要有建设体系机制的思路。只有建立完善的国家体系下的能源机制，才能有力推动中国在能源领域的发展，同时对世界能源的协调转型做出更大贡献。

五、启示与总结

通过利用 SEGO 方法对全球能源系统进行战略分析，我们得到全球能源系统面临着公平化、供应安全和绿色化发展的挑战。能源领域尚存在严峻的挑战和不确定性，2018 年全球一次能源生产中化石能源占据主导地位，煤、石油、天然气的占比达到 81%。全球能源系统的结构转型是充满矛盾和地区冲突的挑战，该进程的推动需要强有力的全球治理。国际组织在能源和气候变化领域的领导能力有限，地区冲突和发展目标的不同导致世界能源的统一领导难以建立，这对于国家而言既是挑战又是机遇。能源的商品属性要求建立完善的市场机制来推动国家间的能源贸易往来。只有物理系统、治理体系和市场机制的全面完善，才可以推动世界能源体系向利用更加低碳、层次更加合理的现代化方向转型。

全球能源系统的分析现状对中国具有启示意义。能源是国之大器、民生之本，能源系统的有序调整和健康发展离不开有效统一的国家治理。国家在能源问题上具有高度统一的领导性和高效坚决的执行力，于国于民都将有所裨益。此外，能源的商品属性不可被忽视，能源市场是连接能源生产转化端和消费利用端的重要桥梁。在世界石油市场发展程度相对较高的当下，天然气市场和碳市场的世界体系仍尚待建设。这是世界能源发展的机遇，也是中国发展的机遇。中国应当积极主动地参与到世界能源市场体系的构建当中：加快石油市场全球化发展的步伐，追赶全球节奏；全球天然气市场和碳市场的不确定性为我们带来更多机遇，将是我们下一步努力的目标。为世界能源体系的发展做出不竭贡献，同时令本国能源体系迈向成熟，理应是中国的一份大国担当。

第三节　中国能源系统的战略分析及其启示

一、中国能源挑战

作为发展中国家，除了能源公平、能源供应安全、能源绿色化这世界共同的三大能源挑战外，我国还需要协调好经济发展与能源挑战的关系，满足经济发展所需要的动力需求。针对我国的国情，倪维斗等（2008）提出了我国面对可持续发展的五大能源挑战：巨大且持续增长的能源需求；快速增加的油气对外依存度；严重的常规环境污染；农村和小城镇缺乏清洁能源服务；巨大且迅速增长的温室气体排放。

1. 巨大且持续增长的能源需求

我国能源需求总量巨大。2017 年我国一次能源消费总量达到 44.7 亿吨标准煤，占世界一次能源消费总量的 23.2%[①]。

在能源消费基数巨大的同时，我国的能源需求仍在持续增长。2007～2017 年，我国能源消费平均年增长率达到了 3.9%，近几年虽然增长放缓，如 2012～2017 年的平均年增长率降到了 2.3%，2015～2016 年两年的年增长率降到 1.2%，但增长的趋势仍在持续。《能源生产和消费革命战略（2016—2030）》提出，2020 年我国能源消费总量要控制在 50 亿吨标准煤以内，2030 年控制在 60 亿吨标准煤以内（这就要求 2030 年之前将能源消费年增长率控制在 1.8%以下），2050 年控制能源消费总量基本稳定。由此可见，我国能源消费增长的趋势仍将持续。

2. 快速增加的油气对外依存度

我国的能源资源禀赋的特点是“富煤贫油少气”，虽然我国在国内油气的开发上做了大量的努力，但仍难以跟上快速增长的油气需求。我国石油的进口量和对外依存度持续增长，参见表 2-1。2017 年我国石油进口总量达到了 5.10 亿吨，进口依存度达到了 68.5%。

天然气进口量与对外依存度的增长也十分迅猛（表 2-2）。天然气进口量从 2007 年 39 亿立方米增加到了 2017 年的 920 亿立方米，对外依存度也从不到 2%增加到了 37.9%。这对于我国的能源安全和可持续发展而言形势十分严峻。

---

① 《2018.6 | 世界能源统计年鉴》，https://www.bp.com/content/dam/bp/country-sites/zh_cn/china/home/reports/statistical-review-of-world-energy/2018/2018srbook.pdf[2021-03-25]。

表 2-1　2007～2017 年中国石油消费及进口情况

年份	石油消费总量/亿吨	石油进口量/亿吨	石油对外依存度
2007	3.78	2.08	50.7%
2008	3.86	2.24	50.6%
2009	4.00	2.54	52.6%
2010	4.55	2.93	55.4%
2011	4.72	3.13	57.0%
2012	4.95	3.32	58.1%
2013	5.17	3.48	59.4%
2014	5.38	3.68	60.7%
2015	5.74	4.15	62.5%
2016	5.87	4.59	66.0%
2017	6.08	5.10	68.5%

注：对外依存度=1－生产总量/消费总量，下同

表 2-2　2007～2017 中国天然气消费及进口情况

年份	天然气消费总量/亿米^3	天然气进口量/亿米^3	天然气对外依存度
2007	711	39	1.8%
2008	819	44	1.2%
2009	902	76	4.8%
2010	1089	164	11.4%
2011	1352	309	21.4%
2012	1509	414	26.1%
2013	1719	518	29.1%
2014	1884	578	30.4%
2015	1947	598	30.3%
2016	2094	719	34.1%
2017	2404	920	37.9%

3. 严重的常规环境污染

我国的常规环境污染和生态破坏的问题仍然十分严峻。常规环境污染主要是大气污染、水污染和土壤污染，此外还包括臭氧层损耗、持续性有机物污染等问题。我国经过长时间的污染治理工作，整体环境已经得到了极大的改善，但问题仍然存在，主要有以下几个问题。①空气污染：个别地区的空气污染仍然较重，河北、陕西、天津、河南、山东 5 省市全年优良天数比例仍然较低，特别是汾渭平原，仍需要整治。②水污染：整体有所改善，但磷污染问题凸显，超标水域断面达 19.7%，赣江、饶河、信江等个别流域磷含量呈增长趋势。此外，有机污染

造成的细菌繁殖和水体发臭、富营养化造成的赤潮蓝藻暴发及地下水污染严重等问题同样应当受到重视。③土壤环境风险仍不容乐观，部分重有色金属矿区及周边耕地土壤环境问题较为突出，化肥、农药等使用量仍处于较高水平，危险化学品生产企业搬迁改造、长江经济带化工污染整治等腾退地块的环境风险管控压力较大，土壤污染防治任务艰巨。

4. 农村和小城镇缺乏清洁能源服务

相比于城镇地区，农村地区缺乏高效清洁的能源服务，具体体现为以下几个方面。①能源公平问题突出，能源消费层次较低。部分农村面临能源供给不足的问题，包括夏季电力供应紧张，燃气、液化气和天然气普及率低等。农村能源消费中商品能源仅占约 2/3，远低于城市水平。②劣质散煤利用量大，燃煤污染排放严重：煤在农村生活能源消费中占一半以上，其中散煤所占比例最高。农村燃煤造成大量难以治理的烟尘、温室气体和酸性气体，对生态环境和农民健康都造成极大损坏。③能源基础设施落后：农村地区缺乏较为高效清洁的能源基础设施，或是建成后缺乏配套技术服务导致难以利用。大部分的炊具和采暖设施仍以直接燃烧秸秆树枝等生物质的方式工作，能效低下且污染严重。④可再生能源利用程度低：虽然农村地区可再生能源资源较为丰富，但由于其利用设施的功能尚不完善，难以实现对传统能源利用设施的完全替代，农户多套能源设备并存的现象较为普遍，可再生能源设施利用程度低。

5. 巨大且迅速增长的温室气体排放

由于中国能源消费持续增加，并以高碳的煤炭、石油等能源为主，因此能源相关二氧化碳排放数量巨大且持续增长。2017 年中国与能源相关的二氧化碳排放量达到了 92.3 亿吨，在世界能源相关碳排放中占比为 27.6%，同时我国的年均二氧化碳排放量也已经超过了世界的平均值。2007～2017 年，我国能源相关二氧化碳年排放量增长了 20.2 亿吨，年增长率达到了 3.2%。巨大的二氧化碳排放量也使我国面临着巨大的生态环境压力和国际舆论压力。2015 年我国在巴黎气候变化大会上做出承诺，将于 2030 年左右使二氧化碳排放达到峰值并争取尽早实现，2030 年单位 GDP 二氧化碳排放比 2005 年下降 60%～65%，非化石能源占一次能源消费比重达到 20%左右，森林蓄积量比 2005 年增加 45 亿立方米左右。2030 年之后，我国将面临控制碳排放总量的国际压力，这对我国能源发展是严峻的挑战。

上述我国的能源挑战中，持续增长的能源需求是为了满足我国经济发展所需要的动力需求，农村和小城镇缺乏清洁能源服务属于能源公平的问题，油气对外依存度的快速增长属于能源供应安全问题，环境污染和温室气体排放则属于能源绿色化的问题。对于我国而言，最重要的问题仍然是为经济发展提供能源，但同时也要逐步解决现有的能源公平、能源供应安全和能源绿色化的问题，只有这样才能保证国家的可持续发展。

二、中国能源系统

根据已有研究（Ma et al.，2012；Yang et al.，2020），下文将从能源来源、能源中间转化、终端转化设备、被动系统、最终能源服务及能源系统集成和基础设施六个方面，讨论我国目前的能源系统结构及变化趋势。

1. 能源来源

能源来源包括了各种能源（包括石油、天然气、煤炭、生物质、水电、风电、核电和其他可再生能源等）的来源（包括本国生产、进口和库存输出），不同品种一次能源之间的相互转化（如生物燃料乙醇、生物柴油归在生物质制油内，沼气归在生物质制气，煤制油、煤制甲醇归在煤制油内，炼焦制气归在煤制气内），以及一次能源出口和存入库存情况。

2017 年，在我国的供能结构中，煤炭仍占据着绝对主导的地位，占一次能源供应量的 57.56%，油品、燃气是紧随煤炭后的两大主要能源，分别占比为 18.31%与 7.47%，可再生能源占比最高的是水电（6.80%）及生物质（6.13%），这五者占了全部一次能源供应量 96.27%的比例，是我国能源结构的主要组成部分。

2007～2017 年我国能源来源方面最大的变化来自煤炭的减量，在一次能源供应中的比重减少了 6.42%，这一占比缺口由大幅增长的燃气、水电及风电进行了填充。同时可以发现，在一次能源进出口中，油品进口量与燃气进口量显著增加，且油品已经严重依赖进口（油品进口量占比从 48.7%升至 65.1%），煤炭出口量呈现负增长且占比显著降低，进口煤炭百分比从 1.3%增加到了 4.6%。

面对可持续发展的挑战，一方面，我国需要进一步减少化石能源的比重，增加可再生能源的使用，抑制油气对外依存度的增长，以保障国家的能源安全；另一方面，还需要认识到我国以煤炭为主体的一次能源结构仍将持续很长时间，进一步加强煤炭的清洁低碳利用。

2. 能源中间转化

能源从来源进入，分为三大流向，分别是非燃料使用（用作原料、材料，如煤经特殊处理后转化为工业原料或工业制品的利用方式）、直接燃料使用（煤炭、生物质、天然气主要进入相应的燃烧设备，油品一部分进入燃烧设备，另一部分进入引擎）和发电供热使用（石油、生物质、天然气及煤炭部分作为发电供热使用，水电、风电、核电及其他可再生能源则全部进入发电供热用途）。

在能源中间转化中，占比最大的是直接燃料使用部分，有 50.7%的能源直接作为燃料使用，包括了 91.0%油品和 40.2%的煤炭。其次是用于发电供热部分，占比为 43.8%，其能量来源主要是 51.5%的煤炭和几乎全部的其他能源（可再生能源及核能等）。非燃料使用部分主要是部分油品和煤炭用于工业原料等，而燃料间品种转化主要是煤炭和生物质转化为油品和燃气。

2007～2017 年，能源中间转化用于非燃料使用、直接燃料使用及发电供热使用的比例基本没有变化。值得注意的是用于直接燃料使用的油品比例从 73.1%上升到了 91.0%，而煤炭用于直接燃料的比例则略有下降。

3. 终端转化设备

终端转化设备是能量转化的场所，一次能源的化学能（及电力的电能）在终端转化设备内转化为其他形式的能量。终端转化设备主要包括各种电力设备、燃烧设备、发动机及热交换网络。

目前的终端转化设备中，占比最大的是电力设备和燃烧设备，各自占比约为 2/5，发动机的比重约为 1/10。其中，电动机在电力设备中占比为 57.0%，是占比最大的电力消耗设备，其次是电制冷设备和照明设备，占比也超过了 10%。交通发动机中主要是柴油机和汽油机，两者占比分别是 50.6%和 35.4%。燃烧设备中燃煤设备占据了 59.9%的份额，燃油、生物质和天然气的燃烧设备也分别占比 1/10 以上。

2007～2017 年，终端转化设备结构最大的变化是燃烧设备占比下降了 4.2%，电力设备上升了 3.3%。具体来说，电力设备中照明设备比例略微下降而电动机的比例略有上升；交通发动机中，柴油机的比重下降了 12%，汽油机和天然气发动机各自上升了约 5%；燃烧设备中煤炭燃烧器的比重有所减少，其份额主要由天然气燃烧器补足。

4. 被动系统

被动系统是利用有用能产生最终能源服务的场所，其入口承接的是终端转化设备的㶲输出，出口则是流向环境的热损失，通过维持其内部稳定的有用能水平来为客户提供能源服务。

2017 年，工业被动系统仍是用能比例最大的部门（占 65%），其次是建筑被动系统（23%），最后是交通被动系统（12%）。其中，工业被动系统中驱动系统（37.5%）、工业加热系统（30.6%）与蒸汽系统（10.0%）占主导地位。建筑被动系统中耗能最大的是空间供冷/供热系统，占 47.2%的比例。交通被动系统中客车（41.5%）与货车（30.5%）用能份额较大。

就大的被动系统而言，工业被动系统能耗仍在增加，且占比从 2007 年的 60%

增加到了 2017 年的 65%，可见我国仍处在工业化的进程之中。建筑被动系统能耗占比显著减小（从 29%下降到 23%），这应该与我国推广建筑节能有关。具体而言，工业分行业中，化工制品业（用能占比增加 3.5%）和有色金属采掘制造业（用能占比增加 2.1%）用能占比显著增加，而非金属矿采掘制造业（用能占比减小 2.1%）、纸制品业（用能占比减小 1.2%）与纺织业（用能占比减小 1.3%）用能占比则显著减小。建筑被动系统内热水系统的用能占比呈现显著增加趋势（增长 4.9%），而由于传统家电的替代（如电炊具、煤气灶替代燃煤灶、柴火灶）及家电能效的提高，家电系统用能比例呈现显著下降趋势（下降 5.0%）。交通被动系统内虽然客车和货车仍是绝对的用能大户，但二者自身的能耗比例却发生了反转性的变化，货车用能占比从 40.5%下降到 30.5%，而客车用能占比则从 29.8%增加到 41.5%，反超货车成为最主要的交通耗能部门。

5. 最终能源服务

最终能源服务是被动系统承接终端转化设备输出的有用能而为用户提供的各种能源服务。

在最终能源服务端，结构材料仍是最主要的能源服务，占比高达 52.6%，其次是热舒适性（12.4%）与基本生计（9.4%）。在最终能源服务环节，结构材料不仅自身仍保持着最大的用能体量，且其占比也显著增加，同比 2005 年增长了 7.5%，其次是客运服务，客运服务用能占比增加了 2.1%，而热舒适性与基本生计虽然体量很大，但其用能占比同比 2005 年却都呈现显著下降趋势，分别下降了 4.7%与 2.7%。

6. 能源系统集成和基础设施

整体上来说，我国的能源基础设施比较完善，但仍然存在一些问题：①部分农村和边远地区由于经济条件等原因，当地的能源基础设施较为落后，或是建成基础设施后缺少配套的设施和服务，导致已有基础设施无法发挥作用；②部分行业的基础设施不完善，如天然气行业，在天然气生产及进口足够满足需求的同时，却由于基础设施的不足，导致天然气无法及时供应给消费者，从而造成“气荒”；③不同基础设施之间缺乏连接，能源系统的集成有所欠缺。未来我国要构建智慧能源系统，就必须充分发挥不同能源之间的协同作用。然而目前各能源品种的基础设施相互独立，缺少连接，对多能协同作用的发挥造成了困难。

2007～2017 年，我国能源系统发生了较大的改变。未来我国也需要根据经济、社会、生态等多方面的要求，继续对能源系统进行调整。

（1）能量来源方面，我国在努力降低煤炭比重、增加可再生能源的使用，但同时，油气对外依存度的增长也为我国的能源安全埋下了新的隐患。面对可持续发展的挑战，一方面，我国需要继续发展可再生能源，减少化石能源的使用；另一方面，也要认识到我国以煤炭为主体的能源结构仍将持续很长时间，需要进一步加强煤炭的清洁低碳使用。

（2）能源中间转化方面，我国的主要变化体现在直接燃烧使用部分减少了煤炭的投入而增加了油品的投入。未来我国需要进一步研发煤炭清洁利用技术，提升煤炭清洁利用水平，同时也需要注重提升能源中间转化环节的效率。

（3）在能源终端转化设备方面，我国的主要变化在于减少终端燃烧、提升电力设备比例。未来我国要进一步提升终端能源服务的水平，就要进一步提升电气化水平，进一步提高电力设备比例，减少单一制热的燃烧设备，增加多联产设备的比例。

（4）在被动系统方面，以工业被动系统为主体且仍在增加，建筑被动系统则依靠节能取得了一定成效而减少。未来我国需要对被动系统进一步优化，以增强节能能力；工业被动系统的调整需要与结构调整和产业升级相适应，在优化系统的同时与国家经济发展相适应。

（5）最终能源服务方面，结构材料的占比最大且增加显著，也反映了我国正处于工业化和城镇化的进程之中。未来我国的工业化和城镇化需要加强统筹规划，从系统设计上减少能源使用，避免重复建设；同时在热舒适性和基本生计方面可以通过被动系统的设计和改造，进一步减少能耗。

结合我国目前的能源挑战，我国能源系统需要进一步加强集成，增加可再生能源的消纳能力，减少对化石能源的需求，从而抑制油气对外依存度继续上升，为我国能源安全提供保障；充分发挥多能协同的作用，加强不同能源品种基础设施之间的联通和协同，特别是对农村和小城镇能源基础设施的完善和改造，从而进一步消除能源公平问题；从能源系统的设计和规划出发，加强节能设计，避免重复建设，促进能源系统向清洁低碳、安全高效转变，抑制碳排放增长和污染物排放，从而促进能源绿色化。

三、中国能源治理

在我国，能源治理的利益相关方包括政府、民间社会团体（行业协会、非营利性组织等）、能源企业、公民等。其中，政府在能源治理中发挥着决定性的作用。政府组织各利益相关方形成能源治理的制度和规则，并对其他利益相关方进行引导和监督。

在我国，社会治理的主体是政府。首先，由中央政府把握社会治理的主旋律和大方向，并通过会议精神及领导人的讲话进行传达。随后，由政府组织各方面的专家，在中央传达的精神的引导下，在我国的五年规划及其他能源发展规划中提出能源发展的战略目标和实施方案。例如，《能源发展“十三五”规划》对我国到2020年的能源结构、能源总量和二氧化碳排放强度提出发展目标。地方政府在此基础上进一步制订地方的发展规划，自上而下地实现社会治理。因此，能源治理的行为包括了政治意愿和国家战略规划两方面。

1. 政治意愿

在我国的背景下，政治意愿可以理解为国家意志，体现在历届国家领导人重要讲话的主要精神中。

长期以来，我国始终坚持以经济发展为中心，能源治理往往为经济发展服务。随着人们对可持续发展观念的认识不断加深，对生态环境保护与气候变化问题越来越重视，能源治理也被赋予了新的内涵。节约资源、保护环境，增强可持续发展能力，成为历届国家领导人的共识。

2002 年，中共十六大报告上，江泽民提出全面建设小康社会的目标包括“可持续发展能力不断增强”①。2007 年中共十七大报告中，胡锦涛强调要“深入贯彻落实科学发展观”②。2012 年中共十八大报告中，胡锦涛又提出，“建设生态文明，是关系人民福祉、关乎民族未来的长远大计。面对资源约束趋紧、环境污染严重、生态系统退化的严峻形势，必须树立尊重自然、顺应自然、保护自然的生态文明理念，把生态文明建设放在突出地位，融入经济建设、政治建设、文化建设、社会建设各方面和全过程，努力建设美丽中国，实现中华民族永续发展”③。

2017 年中共十九大报告中，习近平指出，“坚持人与自然和谐共生。建设生态文明是中华民族永续发展的千年大计。必须树立和践行绿水青山就是金山银山的理念，坚持节约资源和保护环境的基本国策，像对待生命一样对待生态环境，统筹山水林田湖草系统治理，实行最严格的生态环境保护制度，形成绿色发展方式和生活方式，坚定走生产发展、生活富裕、生态良好的文明发展道路，建设美丽中国，为人民创造良好生产生活环境，为全球生态安全作出贡献”④。

从将改善生态环境作为全面建设小康社会的目标之一，到“绿水青山就是金山银山”的生态文明理念，我国在坚持以经济发展为中心的同时，不断提升对可持续发展的重视程度。面对全球气候变化等问题带来的国际压力和生态环境压力，

---

① 《江泽民在中国共产党第十六次全国代表大会上的报告》，http://haiwai.people.com.cn/n/2012/1105/c346235-17678168-4.html[2021-03-25]。

② 《胡锦涛在中国共产党第十七次全国代表大会上的报告（全文）》，http://cpc.people.com.cn/GB/104019/104101/6429414.html[2021-03-25]。

③ 《胡锦涛在中国共产党第十八次全国代表大会上的报告》，http://cpc.people.com.cn/n/2012/1118/c64094-19612151-8.html[2021-03-25]。

④ 《习近平：决胜全面建成小康社会 夺取新时代中国特色社会主义伟大胜利——在中国共产党第十九次全国代表大会上的报告》，http://www.gov.cn/zhuanti/2017-10/27/content_5234876.htm[2021-03-25]。

我国需要进一步审视可持续发展与经济发展、社会治理等方面的关系，适当平衡可持续发展与经济建设。

2. 国家战略规划

国家对能源的规划主要通过五年规划来体现。总体上来说，我国希望通过能源革命，优化能源消费结构，提高能源利用效率，建立清洁低碳、安全高效的现代能源体系。

《中华人民共和国国民经济和社会发展第十三个五年规划纲要》提出，“深入推进能源革命，着力推动能源生产利用方式变革，优化能源供给结构，提高能源利用效率，建设清洁低碳、安全高效的现代能源体系，维护国家能源安全”。具体举措包括推动能源结构优化升级、构建现代能源储运网络，以及积极构建智慧能源系统。

《能源发展“十三五”规划》对于我国 2020 年的能源发展提出了以下要求：2020 年我国单位 GDP 消耗比 2015 年降低 15%；非化石能源占一次能源消费比重由 12%提升至 15%；单位 GDP 二氧化碳排放降低 18%。

《能源生产和消费革命战略（2016—2030）》提出我国要以保障安全为出发点、以节约优先为方针、以绿色低碳为方向、以主动创新为动力为战略方向，通过推动能源消费革命、能源供给革命、能源技术革命、能源体制革命，以及加强全方位国际合作，为国家的能源安全和可持续发展提供保障。

同时，该文件也提出了我国能源的发展目标。①到 2020 年，能源消费总量控制在 50 亿吨标准煤以内，其中非化石能源占比 15%；单位 GDP 二氧化碳排放比 2015 年下降 18%，单位 GDP 能耗比 2015 年下降 15%；能源自给能力保持在 80%以上。②到 2030 年，能源消费总量控制在 60 亿吨标准煤以内，非化石能源占能源消费总量比重达到 20%左右，天然气占比达到 15%左右，新增能源需求主要依靠清洁能源满足；单位 GDP 二氧化碳排放相比 2005 年下降 60%～65%，二氧化碳排放在 2030 年左右达到峰值并尽早达峰；单位 GDP 能耗（现价）达到世界平均水平。③展望 2050 年，能源消费总量基本稳定，非化石能源占比超过一半，能效水平、能源科技、能源装备达到世界先进水平；成为全球能源治理重要参与者；建成现代能源体系。

面对可持续发展的能源挑战，我国需要在以下几个方面进一步加强能源治理。①控制能源消费总量。长期以来，我国经济发展的一个重要驱动因素是能源消费的增长。如何在控制能源消费总量稳定的同时，维持经济增长，是我国需要解决的重要问题。②改善一次能源消费结构。尽管近些年来多种新能源发展迅猛，但我国一次能源消费中，化石能源的比重仍然占比较大。我国需要进一步减少化石能源的比重，增加可再生能源的利用，特别是要解决风能、太阳能等间歇式可再生能源的消纳问题。③提高能源利用效率。提高能效是节能的重要手段之一。由于区域的经济实力和技术差别，我国还有很多产能的能源利用效率较低。因此，我国需要推广先进能源利用技术，逐步淘汰落后产能，加强监督和管理，提升整个国家的能源利用效率。④提升终端能源服务水平。目前我国终端能源服务水平城乡差别较大，特别是农村地区，整体的能源服务水平较低。我国需要进一步推进终端能源服务的电气化，为更多人民提供清洁、安全、高效的能源服务。

四、中国能源市场

相对于世界能源市场，我国能源市场运行形式与贸易模型具有自身的独特性，即我国能源市场运行中的主要形式也包括了能源商品的直接贸易、能源技术的合作共享及能源期货的交易买卖；贸易的基本模式包括了能源的生产者、运输者和消费者，并由政府部门在上层进行统一的指导协调。与世界能源市场的不同主要表现在以下几个方面。①我国政府在上层的协调指导能力远高于国际组织，因此政府在我国能源市场中发挥的作用远大于国际组织在世界能源市场中的作用。②我国能源市场中绝大多数运输者和大量的能源生产者的角色是由国有企业担任。由于国有企业承担着调节国民经济的作用，因此在我国的能源贸易中，并没有完全按照自由市场价格进行交易，有时会根据区域经济发展和能源治理的需要，在市场价格的基础上对价格进行调整。在消费侧，我国的主要能源消费者为工业企业，因此工业的发展状况对能源消费有很大的影响。③相比于世界能源市场，我国的传统能源的期货市场还不够完善。而对于新兴的天然气、碳排放的期货市场，我国也处于构建市场的早期阶段。下文将以电力市场为例，对我国的能源市场进行介绍。

1. 发电企业

发电企业在电力市场的核心任务是进行电力生产，并以上网电价将所生产的电力出售给电网。同时，它们也需要根据国家和市场的需要，对电力生产的发电量及运行时间进行调控。目前，上网电价的制定正在逐渐由政府定价转向全面的市场定价。

2. 电网

电网是电力系统的中间环节，负责电力的输、变、配三个环节。其主要任务是从上游的电力生产企业购买电力，根据需求输送和调配电力，并向下游用户销售电力。我国的电网企业主要是国家电网有限公司和中国南方电网有限责任公司两家企业。销售电价将综合考虑上网电价成本、电网输配成本、供电管理成本和损失成本及企业收益等，并受到政府部门的监管。

3. 用户

用户包括大型工业用户和一般商业用户，是电力的最终消费者。大型工业用户的用电价格一般是由发电企业、电网和用电企业共同协商制定。一般商业用户的用电价格则是地方政府在考虑电网成本的基础上统一定价，并上报给国家发展和改革委员会（简称国家发改委）。

4. 政府部门

与电力市场有关的政府部门包括国家发改委、国家电力监管委员会及地方物价局等。省际的电力输送价格由国家发改委制定，地方的一般商业用电由地方物价局制定，国家电力监管委员会则负责全国电力监管工作，包括立法、参与发展规划、提议调整电价、参与标准制定等多个方面。

面对我国在能源公平、能源安全、能源绿色化和经济发展等方面上的挑战，需要在了解我国能源系统发展现状的同时进一步优化我国能源系统，包括加强被动系统的设计、加强基础设施的联通、推广节能技术，以及增强能源系统灵活性和可再生能源消纳能力。而为了实现对能源系统的改造，则需要在能源治理上进行战略调整。而能源治理的落地，则需要通过有效的政策工具影响能源市场的运行来实现。因此，也需要进一步完善能源治理的相关制度和规则，同时继续推进能源的市场化，完善能源市场。例如，需要尽快建立和完善碳排放交易市场，约束碳排放。

第四节　推进能源革命的战略任务及工程措施建议

一、对全球和中国能源系统战略的主要认识

全球面临能源公平、能源供应安全和能源绿色化严峻的多重能源挑战。由于缺乏强有力的全球能源治理，各国能源战略难以得到有效整合及难以推进全球层面的一致、有力的执行，导致全球能源系统转型总体较为缓慢。中国被期望在推动全球能源系统转型中起到更加积极主动的作用。

中国能源挑战越来越复杂和严峻，但由于政治意愿坚定，并形成了“控总量、调结构”的系列能源战略共识，有效推动了在发展中少耗能、少排放。然而随着深度节能的要求不断提高、可再生能源大规模引入及信息通信技术的发展，能源系统集成（核心是基础设施）将成为巨大的挑战和重大的机遇。因此，对中国能源系统的发展进行经济社会、生态环境全景视角下的全局系统优化和全程精细管控，做好电力、热力和燃料等多种不同类型能源网络之间共建、共享、共调的深

度协同，加速可再生能源和信息通信技术等能源新技术、新产业的颠覆式创新，是中国能源革命推动经济社会和生态环境协调发展的核心要义。

二、推进能源革命的愿景、战略思路和目标

1. 能源革命的愿景

展望未来，中国完成能源生产和消费革命，2050 年，中国将成为一个能源强国，根据强国的内涵，能源强国可以描述为以推动能源系统的可持续发展和全球治理为目标及价值导向的，具备生产、金融、治理和知识四个方面实力，能对全球能源系统产生较大影响的国家（李政等，2018）。

2. 战略思路

全面统筹推进“五位一体”总体布局，协调推进“四个全面”战略布局；以智慧管控为手段，走好“平稳切换、多能协同”的能源革命路径，有效贯彻国家创新、协调、绿色、开放、共享五大发展理念。

智慧管控的内涵在于：以经济社会、生态环境全局视角下能源系统分时段、分地区、跨部门的精细规划为引领；以电力、热力、燃料多类能源网络的深度协同共建、共享、共调为核心；以可再生能源技术、分布式能源系统和新型通信技术的产业创新为重要基础。

平稳切换的内涵在于：在保障能源安全的基础上，优先控制能源消费总量和强度，并行推进化石能源清洁低碳利用及非化石能源加速发展，实现从以煤为主的能源结构直接平稳切换到以非化石能源为主、煤为基础、油气辅助的能源系统上，从而支撑经济高质量发展，以最小的产能过剩代价来实现旧产能和新产能的充分利用、平稳接续。

多能协同的内涵在于：充分发挥每种能源和技术的优势，挖掘耦合效益，以结构协同、系统协同、技术协同、产业协同来全面推进多种能源和技术的优势互补、劣势互消，以技术和系统的创新来保障平稳切换进程。

同时，在智慧管控、平稳切换、多能协同的原则引领下，要深入推进能源管理体制机制改革，加速能源科学技术创新，加强国际能源合作，从而加快构建清洁低碳、安全高效的能源体系，以能源革命推动经济社会与生态环境协调发展。

此外，在能源革命推进过程中还应强调如下战略方针。

（1）从主要重视国内能源系统的自身发展转变为更加重视能源系统发展对区域经济社会和生态环境协调发展的推动作用、更加重视对于全球能源系统优化的推动作用。

（2）从主要重视各区域、各部门能源系统的局部优化、各自发展转为更加重视多区域、多部门全局优化、协调发展，加强多区域、多部门间各类基础设施的

互联互通和协调控制。

（3）从主要重视一次能源结构、重视能源供应的产能建设转为更加重视终端能源结构、更加重视如何高效发挥产能的效益和价值、重视发展终端能源服务。

（4）从主要重视环境保护和重点发展风电、太阳能光伏发电等可再生能源转为更加重视应对气候变化、更加重视可再生能源与化石能源的协同发展和平稳切换、更加重视发展生物质能源。

3. 战略目标

2035 年，能源革命初见成效，能源体系基本现代化。

三、推进能源革命的战略重点及主要措施

1. 严格执行总量和强度双控，推进整体能源系统深度节能和碳减排

严格执行总量和强度双控，推进整体能源系统尤其是消费侧的深度节能和碳减排，实现新旧产能的充分利用、平稳切换。

政府部门通过调整经济发展模式的导向、健全法律法规、完善行政考核为企业节能减碳创造良好的外部环境；并鼓励企业技术创新，加速节能低碳产品的创新发展；通过提供便利基础设施、提倡节能低碳价值取向、加大节能低碳产品优惠引导民众建立节能低碳生活节奏；通过研究与教育机构、金融协会、行业协会、媒体等影响企业、民众等利益主体，促进节能低碳目标的实现。

严格控制总量和强度，把能源消费总量、能源强度、能源相关碳排放总量、碳排放强度作为区域经济发展的重要约束条件。国家层面做好统筹规划，实施分区域、分行业差别化管理；重视建设能耗问题，减少不合理规划导致的基础设施、工厂、能源设施等寿命不足或使用不足的能源浪费。

重点研发和推广工业、建筑、交通及照明领域的新技术。在工业领域提高风机、水泵、电机、工业锅炉等设备的效率，同时优化生产流程及工艺；在建筑领域，通过改善围护结构、改善采暖末端调节性能、发展热电联产、加强余热利用、发展热泵技术、提高集中供热效率与管网输送能力等来减少北方城镇采暖能耗，在长江流域推广局部供暖及空调技术。在农村重点促进生物质的发展，同时加强被动式建筑技术研发；在交通领域，加快新能源汽车的研发推广，采用先进的信息通信技术、互联网技术发展智能交通系统；在照明领域，鼓励新型照明技术的推广，重视天然采光技术。

2. 煤炭超清洁、超高效和低碳化利用

通过减少煤电厂供电煤耗及掺烧生物质减少煤电相关的二氧化碳排放。采取两条基本路线减少煤电厂供电煤耗：一是对于新建电厂尽可能采用世界领先的超

超临界二次再热机组；二是对现有的亚临界机组，进行系统改造，将煤耗降到 300 克/千瓦时以下。推动煤电厂生物质掺烧的发展，构建和完善能源相关诚信体系与生物质资源的收储运体系，同时加大煤炭和生物质耦合发电供热技术研发，推动建设农业、农村、农民与工业生产互动的新市场机制。

加强工业锅炉高效清洁技术的研发，提高锅炉燃烧效率，减少污染物的排放，如采用水煤浆技术。适度发展煤制油、煤制气，提升替代能源能力储备。在发展煤制油、煤制气过程中将生态环境保护作为重要约束条件，加强碳减排技术的示范和推广；同时加强新的煤化工工艺及流程的研发示范，如利用电化共轨，提升煤化工效率。

3. 多元化保障油气供应安全，实现油气超高效、超清洁利用

在国内，加强国内油气勘探开发力度，常规油气与非常规油气并重，确保国内油气供应稳定。在国际上，要树立全球视野，考虑地缘政治的影响，通过外交、金融等方法扩展油气进口渠道。

加强战略石油储备，政府储备和企业储备并重。加强国内天然气基础设施建设，包括沿海液化天然气接收站、区域天然气管网等的建设。

加快油气企业改革，将天然气管网纳入基础设施范畴。加速天然气价格市场化改革，建立和完善相应的市场运行机制、法律保障体系、政府监管机制等。

把油气超高效、超清洁利用作为下一步能源技术攻关和管理改革的重大方向，最大限度高效、有效、清洁地利用宝贵的油气资源，充分发挥油气作为高效化石能源和优质化工原料的优势。

4. 破除各方面壁垒，推进非化石能源超常规发展

加速核电发展，提高核电在我国发电装机容量及发电量中的占比。重点推动第四代核电，尤其是快堆的发展，适度推进核电小堆，继续积极研究核聚变。加强核电的就地消纳，以核电为基础，发展氢能产业、先进制造业、信息技术产业等。

推进水电、风电、光伏发电的多联产，耦合电、热、燃料等多种产品形式，并和高耗电的信息产业捆绑发展，实现稳定高效的负荷输出和就地利用。

大力推动生物质能实现跨越式发展，重点推广生物质清洁供暖、稳步构建和完善生物质掺烧发电的配套政策法规与市场机制，因地制宜地发展大型生物质沼气工程。

5. 加强能源系统集成创新，建设智慧能源系统

研究智慧能源系统示范项目的案例，总结政策支持、项目的规划、技术选择、市场机制建设等方面经验，为后续项目提供更充分的理论支撑。加强储能、电动

汽车、互联网管理平台等智慧能源系统相关的基础技术的研发，降低各个环节的成本。

第五节　政策保障建议

本章通过对能源系统的战略分析，提出了推进能源革命的战略重点及主要措施，但是具体措施的落地仍需强有力的政策指导。

1. 树立“节能低碳第一、坚决抑制浪费”理念，加强领导

在政策引导、发展规划、市场监管、金融支持等能源治理的各个方面始终树立“节能低碳第一、坚决抑制浪费”的理念。

在国家能源委员会基础上，成立各主要区域的跨区域能源委员会，加强主要区域推进能源革命的统筹领导。

2. 加强“两个协调”，做好能源革命的规划

在国家及区域层面加强能源规划与相关经济社会和生态环境规划的协调；加强区域间能源规划的协调，出台主要区域的跨省区市能源革命长期规划和能源发展五年规划。

3. 以促进创新为导向，大力深化能源市场改革

加快研究和出台有效的政策工具，进一步促进能源市场开放，回归能源商品属性，鼓励民营资本进入更多领域。允许各主要区域自主创新，提出适合本区域的特有能源市场改革方案，加强区域能源市场改革经验和做法的交流及沟通。

4. 全面重视多能协同技术和系统的发展，举国攻关

将多能协同的技术和系统，如煤炭和生物质耦合发电供热技术，提升到国家能源战略层面，并作为重大系统工程的国家攻关项目来推进。鼓励各主要区域视自身情况，提出自主创新的多能协同技术和系统方案，支持其加速示范和推广。

参考文献

李政，麻林巍，吴金希，等. 2018. 国外矿产资源开发战略研究. 北京：科学出版社.

倪维斗，陈贞，李政. 2008. 我国能源现状及某些重要战略对策. 中国能源，30（12）：5-9.

Bazilian M，Nakhooda S，van de Graaf T. 2014. Energy governance and poverty. Energy Research &

Social Science，1：217-225.

Ma L W，Allwood J M，Cullen J M，et al. 2012. Use of energy in China：tracing the flow of energy from primary source to demand drivers. Energy，40（1）：174-188.

The Commission on Global Governance. 1995. Our Global Neighborhood. Oxford：Oxford University Press.

Yang H H，Ma L W，Li Z. 2020. A method for analyzing energy-related carbon emissions and the structural changes：a case study of China from 2005 to 2015. Energies，13（8）：1-24.

第三章　我国主要区域的能源系统分析

在对全球及中国能源系统进行战略分析的基础上，本章将尝试进一步对中国主要区域（京津冀、长三角、珠三角、老工业基地、中部、能源富集地区、西南）的能源系统进行战略分析。研究中采用了基于能源分配分析的 LMDI 分解方法对区域能源系统现状及能耗增长驱动因素进行分析，并尝试从国家能源战略角度对主要区域推进能源生产与消费革命提出战略建议。

第一节　主要区域的经济、社会与生态环境状况

近年来各区域在经济、能源及生态环境发展上取得了一系列成绩。经济方面，各区域发展态势总体良好，实现了 2010～2018 年的整体地区生产总值翻一番。能源方面，各区域能源生产、转化和输送能力不断得到加强，保障了稳定、安全、经济的能源供给，有力支撑了各区域经济的快速发展。生态环境方面，各区域总体明显改善，其中化石能源，特别是煤炭清洁高效利用发挥了重要作用。但区域发展差异明显，结构性矛盾及局部问题仍然突出。经济方面主要体现在：区域间贫富差距拉大，长三角与珠三角地区经济发展水平甩开其他区域的态势越来越明显；各地区生产总值差距进一步拉大；老工业基地经济发展停滞。能源方面主要体现在：能源结构问题导致生态环境污染严重。除西南地区水电占比较高外，其他区域一次能源中煤炭的占比仍然过高；产业结构问题导致能源强度高，除珠三角地区外，各区域第二产业能耗占比均超过 60%；产业布局过度集中导致局部区域能源强度居高不下，高耗能产业聚集的能源富集地区及产业附加值较低的老工业基地能源强度均超过 1 吨标准煤/万元。生态环境方面局部问题仍然十分突出，如能源富集地区生态环境脆弱，处在生态环境保护的历史关头；老工业基地废弃矿山/矿井负效应明显；京津冀及周边地区大气污染严重。

第二节　研究方法和数据来源

一、研究方法

本章采用的是基于能源分配分析的 LMDI 分解方法。通过能源分配分析，可以对国家和区域的能源供应—中间转化—终端消费的整条能源供应链进行系统研究。能源分配图是进行能源分配分析的方法，呈现从一次能源供应到终端消费的能源平衡过程。在本书研究中我们统一使用一次能源量（primary energy quantity，PEQ）来表示能源消费的数量，它的物理意义是生产能源所需要消费的一次能源的数量。通过使用一次能源量，能够更合理地分配终端能源消费的责任（Chong et al.，2017）。

第一类LMDI分解方法属于指数分解分析（index decomposition analysis，IDA）的一种，是分析影响能源消费驱动因素的常用方法之一。人口、人均 GDP、经济结构、能源强度和能源结构被认为是影响能源消费的主要因素（Ang，2005）。本书引入一次能源转化系数（K_{PEQ}）作为另一个关键影响因素（Chong et al.，2017），该系数表示生产一单位二次能源所消耗的所有一次能源量。通过引入 K_{PEQ}，可以有效区分能源中间转化消费和终端消费强度带来的影响。

在引入 K_{PEQ} 后，我们采用式（3-1）和式（3-2）分别对各省区市经济部门和住宅部门的能源消费增长进行分解。其中缩写字母代表含义如表 3-1 所示。

$$E_{\mathrm{PEQ},e}=\sum_{ij}P\cdot\frac{\mathrm{GDP}}{P}\cdot\frac{\mathrm{GDP}_i}{\mathrm{GDP}}\cdot\frac{E_{\mathrm{SQ},i}}{\mathrm{GDP}_i}\cdot\frac{E_{\mathrm{SQ},ij}}{E_{\mathrm{SQ},i}}\cdot K_{\mathrm{PEQ},j} \tag{3-1}$$

$$E_{\mathrm{PEQ},r}=\sum_{ij}P\cdot\frac{P_i}{P}\cdot\frac{E_{\mathrm{SQ},i}}{P_i}\cdot\frac{E_{\mathrm{SQ},ij}}{E_{\mathrm{SQ},i}}\cdot K_{\mathrm{PEQ},j} \tag{3-2}$$

表 3-1　能源消费增长表达式缩写说明

变量	说明
P	人口
$\frac{\mathrm{GDP}}{P}$	人均 GDP
$\frac{\mathrm{GDP}_i}{\mathrm{GDP}}$	经济结构
$\frac{E_{\mathrm{SQ},i}}{\mathrm{GDP}_i}$	终端能源强度
$\frac{E_{\mathrm{SQ},ij}}{E_{\mathrm{SQ},i}}$	能源结构

续表

变量	说明
K_{PEQ}	一次能源转化系数
$\frac{P_i}{P}$	城乡结构
$\frac{E_{SQ,i}}{P_i}$	人均能耗

式（3-1）将经济部门的能源消费增长分解为人口、人均 GDP、经济结构、终端能源强度、能源结构和能源转化效率带来的影响。式（3-2）将住宅部门的能源消费增长分解为人口、城乡结构、人均能耗、能源结构和能源转化效率带来的影响。最终结果通过加和的形式进行呈现。式（3-1）和式（3-2）中，下标 i 表示不同的经济部门（第一产业/第二产业/第三产业），下标 j 表示不同的能源品种，具体计算过程参见相关文献（Chong et al.，2017）。

二、时空范围及数据来源

本章涉及的主要区域分别为京津冀（北京、天津、河北）、长三角（上海、浙江、江苏、安徽）、珠三角（广东）、老工业基地（黑龙江、吉林、辽宁、山西）、中部（河南、湖南、湖北、江西）、能源富集地区（新疆、宁夏、内蒙古、陕西）、西南（四川、重庆、云南、贵州）。其中，又将老工业基地分为东北老工业基地及山西进行讨论。

在本章中我们选取了 2011～2016 年（由于数据问题，广东选取 2011～2017 年数据）作为研究的起点和终点，人口和经济数据来源为中国统计局及各省区市统计部门发布的数据。

第三节　对主要区域能源系统现状及趋势的总体认识

总体上，主要区域 2016 年地区生产总值、人口及基于一次能源量衡量的终端消费量占全国的比例均超过 80%。主要区域能源系统现状和能耗增长的驱动因素研究结果如下。

一、主要区域的能源系统现状

1. 能源供应

在本地一次能源生产方面，原煤主要产自能源富集地区、山西及西南地区，2016 年分别为 11 亿吨标准煤、5.7 亿吨标准煤、2 亿吨准标煤左右；原油主要产自能源富集地区、东北老工业基地及京津冀地区，分别为 0.9 亿吨、0.8 亿吨、0.6 亿吨左右；天然气主要产自能源富集地区及西南地区，分别为 1.3 亿吨标准煤与 0.5 亿吨标准煤左右；可再生电力方面，西南地区发电量最高，约为 2.5 亿吨标准煤。

能源调入调出方面，从总量上看，京津冀、长三角、珠三角、中部及东北老工业基地为能源净调入区域，山西及能源富集地区为能源净调出区域，西南地区基本可以自给自足。本地一次能源供应量占终端消费总量方面，长三角及珠三角地区约为 20%，中部地区约为 30%，东北老工业基地约为 40%，西南地区约为 90%，山西及能源富集地区均超过 250%。就实际情况而言，各个区域均有能源调入调出。

2. 能源中间转化

炼焦制气方面，各个区域均有一定体量，体量最大的为能源富集地区与山西，均在 1.1 亿吨标准煤左右，京津冀的体量约为 0.7 亿吨标准煤，其他各区域均在 0.3 亿吨至 0.6 亿吨标准煤左右。

油品炼制方面，长三角及东北老工业基地体量最大，分别约为 1.4 亿吨标准煤与 1 亿吨标准煤，能源富集地区与珠三角地区分别约 0.8 亿吨标准煤与 0.7 亿吨标准煤，京津冀地区与中部地区分别约 0.6 亿吨标准煤与 0.5 亿吨标准煤，山西及西南地区体量较少，均不超过 0.2 亿吨标准煤。

火力发电及供热方面，能源富集地区及长三角地区体量最大，约为 3.2 亿吨标准煤，中部、京津冀与珠三角地区体量分别为 1.7 亿吨标准煤、1.3 亿吨标准煤、1.1 亿吨标准煤，山西、西南及东北老工业基地体量分别约为 0.9 亿吨标准煤、0.8 亿吨标准煤与 0.8 亿吨标准煤。

3. 终端能源消费

基于一次能源量标准的终端消费分析中，东北老工业基地、山西、中部地区第一产业能耗占比相对较高，约为 3%。能源富集地区第二产业能耗占比最高，超过 72%，珠三角地区第二产业能耗占比最低，仅为 55%左右，东北老工业基地与西南地区为 62%左右。能源富集地区第三产业能耗占比最低，为 14%左右，其他地区第三产业能耗占比均在 20%左右，与主要区域平均值（19%）相差不大。生活用能占比方面，珠三角地区占比达到 17%左右，远超主要区域平均值（13%），山西占比最低，约为 10%，其他区域与主要区域平均值差距不大。

考虑到能源消费总量，如图 3-1 所示，各区域的第一产业能耗均为 0.2 亿吨标准煤以下；第二产业能耗方面长三角最高，超过了 5 亿吨标准煤，老工业基地（东北老工业基地及山西总和）、中部及能源富集地区均在 4 亿吨标准煤左右，而西南及京津冀地区，在 3 亿吨标准煤左右，珠三角地区体量不到 2 亿吨标准煤；

第三产业能耗方面，长三角地区最高，达到 1.4 亿吨标准煤，其他区域均在 1 亿吨标准煤左右；生活能耗方面，各区域均未超过 0.9 亿吨标准煤。

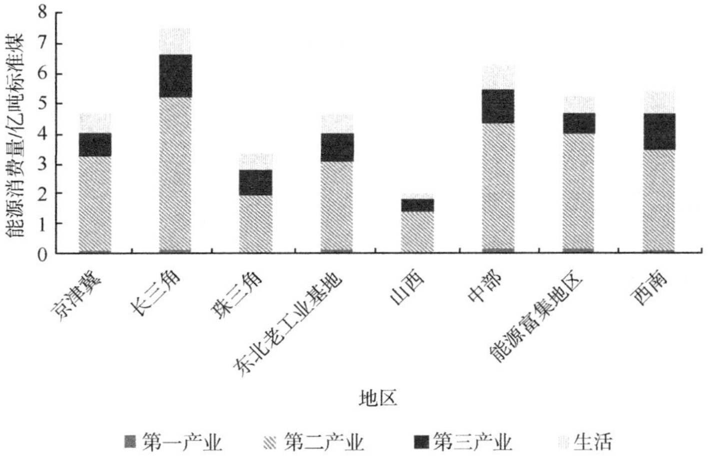

图 3-1　2016 年主要区域终端消费分配

基于一次能源量标准的终端消费分析中，终端消费煤炭占比方面，珠三角地区最低，约为 10%，长三角约为 20%，其他地区占比（28%）均高于主要区域平均水平；终端消费电力占比方面，珠三角地区最高，约为 48%，能源富集地区与长三角地区分别约为 45%与 41%，其他区域占比（38%）均低于主要区域平均水平，东北老工业基地、山西地区电力占比较低，约为 29%。

考虑到能耗体量，如图 3-2 所示，老工业基地（东北老工业基地与山西总和）及中部地区终端煤炭消费较高，约为 2 亿吨标准煤，珠三角地区约为 0.3 亿吨标

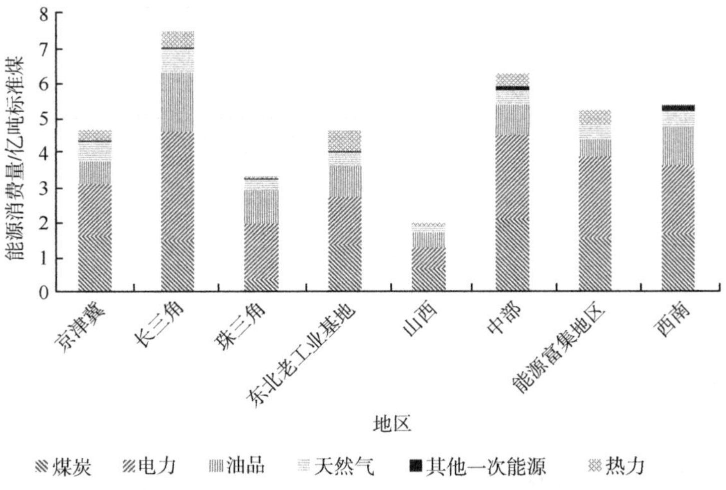

图 3-2　2016 年主要区域终端消费能源结构

准煤，其他地区的终端煤炭消耗量均在 1.5 亿吨左右。长三角地区终端电力消费最高，约为 3 亿吨标准煤，珠三角地区最低，约为 1.6 亿吨标准煤，老工业基地（包括东北老工业基地与山西）及其他地区均在 2 亿吨标准煤左右。

4. 能源强度

如图 3-3 所示，珠三角地区能源强度最低，约为 0.4 吨标准煤/万元。长三角、珠三角地区工业产值较大的产业为计算机、通信和其他电子设备制造业，电气机械和器材制造业，汽车制造业，化学原料和化学制品制造业等能源强度较低的产业。山西能源强度最高，约为 1.5 吨标准煤/万元，山西工业产值较大的产业为黑色金属冶炼和延压加工业，电力、热力、燃气及水的生产和供应业，石油加工、炼焦及核燃料加工业等能源强度高的产业。中部地区能源强度约为 0.5 吨标准煤/万元，其工业中产值较高的为非金属矿物制品、农副食品加工业、化学原料和化学制品制造业、有色金属冶炼及压延加工业、汽车制造业、电气机械及器材制造业。京津冀地区能源强度约为 0.6 吨标准煤/万元，高于全国平均值，主要是由于黑色金属冶炼和压延加工业规模较大。西南、东北老工业基地、能源富集地区的能源强度均高于主要区域平均值，分别为 0.7 吨标准煤/万元、0.9 吨标准煤/万元、1.04 吨标准煤/万元。

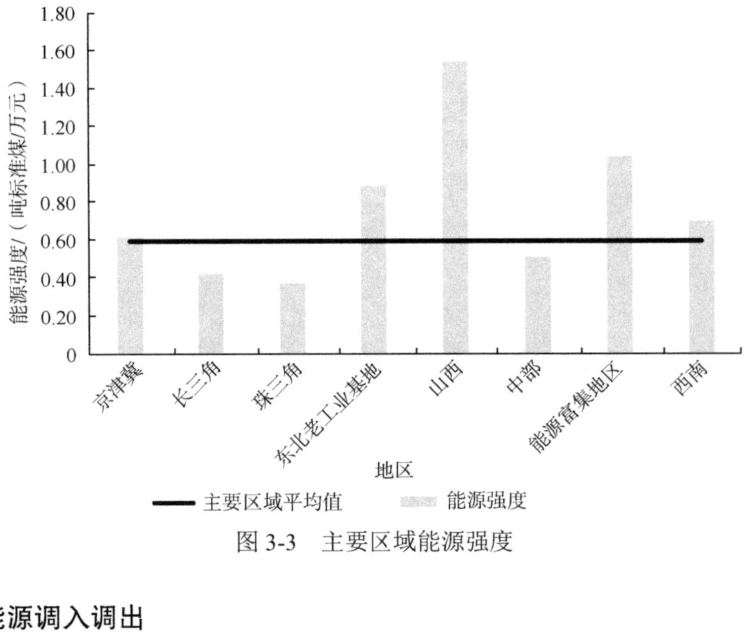

图 3-3 主要区域能源强度

5. 能源调入调出

各区域经济发展过程中，能源生产、转化和输送能力不断得到加强，而稳定、安全、经济的能源供给又有力保证了各区域经济的快速发展。就一次能源生产方面，原煤主要产自能源富集地区、山西及西南地区；原油主要产自能源富集地区、东北老工业基地及京津冀地区；天然气主要产自能源富集地区及西南地区；可再生电力方面，西南地区最高。在能源转化方面，能源富集地区与山西老工业基地的炼焦制气能力较大，长三角及东北老工业基地的炼油能力较大，能源富集地区及长三角地区的火力发电/供热体量最大。在能源输送方面，京津冀、长三角、珠三角和中部地区需要大量净调入煤、油、气、电等各种能源。老工业基地中，山西大量调出煤炭，东北老工业基地则需要调入煤炭。能源富集地区大量调出煤炭、石油、天然气和电力。西南地区总体上自给自足，呈现电力和天然气调出、煤炭和油品调入的格局。

二、主要区域的能耗增长驱动因素

如图 3-4 所示，京津冀、中部及西南地区在 2011 年至 2016 年能源消费出现了下降，西南地区能耗下降超过 0.1 亿吨标准煤。其他地区能耗均为增长，能源富集地区能耗增长约为0.8亿吨标准煤，长三角地区能耗增长约为0.7亿吨标准煤，山西能耗增长约为 0.4 亿吨标准煤，东北老工业基地能耗基本无增长。

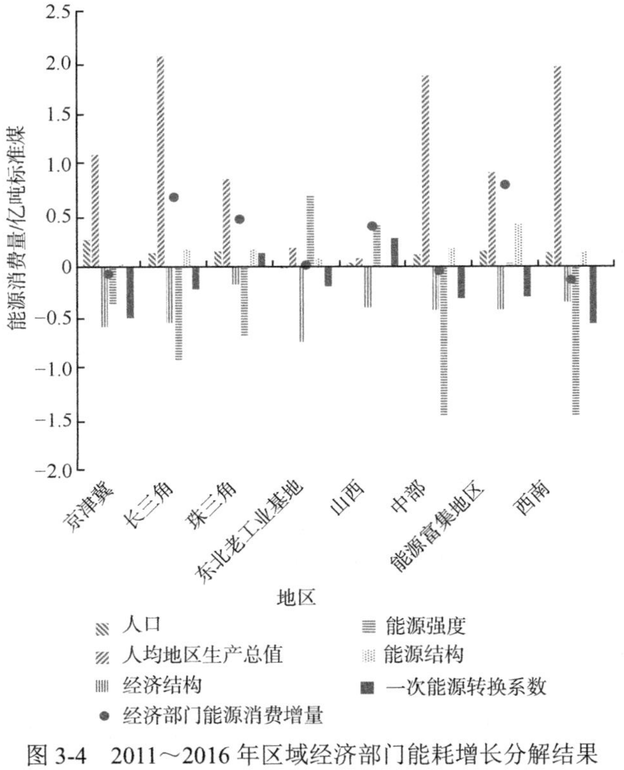

图 3-4　2011～2016 年区域经济部门能耗增长分解结果

分解结果由各省区市经济部门 LMDI 分解结果加和所得。

除去老工业基地（包括东北老工业基地及山西），其他地区能耗的增长主要驱动因素均为人均地区生产总值的增加即经济的发展，老工业基地能耗增长的最主要驱动因素为能源强度的提升，能源富集地区的能源强度提高也带来能耗的增长。经济结构调整及能源强度的降低是大部分区域能耗降低的主要影响因素。

第四节　对各区域能源系统现状和趋势的认识

一、京津冀

京津冀地区包括北京市、天津市、河北省三个省。2016 年，京津冀地区的地区生产总值约占全国主要区域的 11.5%，人口占全国主要区域的 9.7%，人均生产总值为 6.8 万元，高于主要区域平均水平 17.9%。基于一次能源量标准，京津冀能耗总量为 4.7 亿吨标准煤，能源强度高于主要区域平均水平 3.9%。

京津冀地区强调区域协同发展，其整体定位为以首都为核心的世界级城市群、区域整体协同发展改革引领区、全国创新驱动经济增长新引擎、生态修复环境改善示范区。三省市定位分别为，北京市全国政治中心、文化中心、国际交往中心、科技创新中心；天津市全国先进制造研发基地、北方国际航运核心区、金融创新运营示范区、改革开放先行区；河北省全国现代商贸物流重要基地、产业转型升级试验区、新型城镇化与城乡统筹示范区、京津冀生态环境支撑区。

1. 京津冀地区能源系统现状

一次能源生产方面，京津冀地区整体上是能源的集中消纳地区，天津是我国较为重要的原油生产地和进口通道。北京除保留了少量原煤生产外，其他所有一次能源均依赖于进口。

二次能源生产方面，北京仅保留了部分的油品炼制，其余二次能源均完全依靠进口；天津与北京的情况基本相同（仍保留着很少量的原煤洗选和炼焦制气）；河北有大规模的原煤选洗和炼焦制气和一定规模的油品炼制。

电力生产方面，北京主要依靠进口，本地生产主要来自燃气，发电效率较高，天津与河北主要依靠煤电。

能源消费方面，北京由于极高的第三产业比例，经济部门人均能耗低于全国平均水平，然而在生活能耗方面极高，城镇和农村生活人均能耗均高于全国平均水平。天津超过 60%的能源用于第二产业，同时经济部门人均能耗水平也远高于全国平均水平，天津城镇生活水平与北京基本相同，农村人均能耗相对较低，但仍高于全国平均水平。河北是我国重要的第二产业基地，第二产业能耗占比超过 70%，能源强度超过全国的 50%（说明河北的工业体量大但比较低效，且有较多的高耗能产业)。生活能耗方面,河北农村能源服务水平并不是很高,且农村生活的高耗能值得思考。

2. 京津冀地区能耗增长驱动因素

如图 3-5 所示,2011～2016 年,北京人均地区生产总值增长成为经济部门能耗增长的主要驱动因素。北京 2011～2016 年人均地区生产总值增加了 36.5%,人口增加了 7.6%,人均地区生产总值的快速提高造成了北京经济部门能耗的增长;北京人口增长及"煤改气""煤改电"引起的能源结构的调整也造成了经济部门能耗的增长。2011～2016 年,北京经济部门能耗增长的抑制因素是经济结构的调整(第一产业、第二产业比例下降,第三产业比例上升)及能源转化效率的提高;此外,能源强度的降低也降低了经济部门的能耗,三个产业能源强度分别下降了 18%、41%、25%,特别是第二产业中电力的消费,产生了较大的影响。

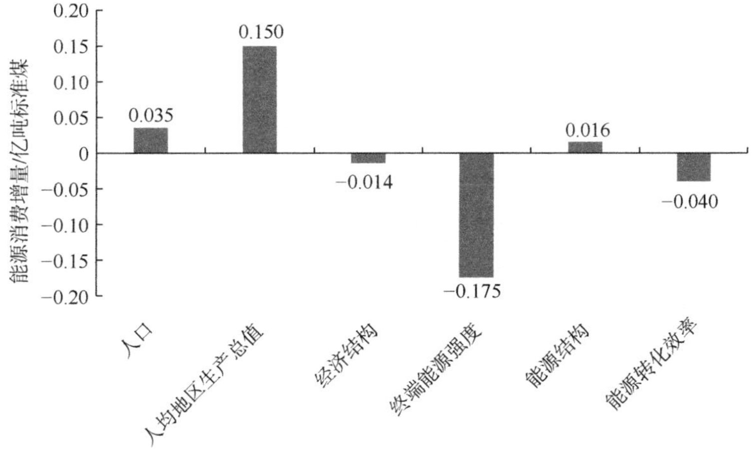

图 3-5 2011～2016 年北京经济部门能耗增长 LMDI 分解结果

如图 3-6 所示,2011～2016 年,天津人均地区生产总值增长及人口的增长成为经济部门能耗增长的主要驱动因素。天津人均地区生产总值增加了 27.6%,人口增加了 15.3%,人均地区生产总值的提高造成了天津经济部门能耗的增长。2011～2016 年,天津经济部门能耗增长的主要抑制因素是经济结构的调整(第三产业比例上升)、能源转化效率的提高及能源强度的降低。能源转化效率的提高基本上是由发电效率的提高造成的,天津在其他电力生产数量基本不变的情况下,通过发展本地煤电生产,取代了大量的电力进口。新建煤电采用了更先进的技术,从而实现了效率提高。天津第一产业和第三产业的能源强度分别下降了 12.7%和 37.7%,第二产业能源强度上升了 4.2%。尽管第二产业对能耗变动影响的权重更大,但第三产业能源强度的大幅下降最终还是使天津整体的能耗降低。2011～2016

年，天津能源结构的调整对能源消费的增长几乎无影响，天津用更多的油产品取代了煤产品，使得第二产业的总能耗降低，而第一产业和第三产业的能源消费量上升，总体而言对经济部门能耗增长基本没有产生影响。

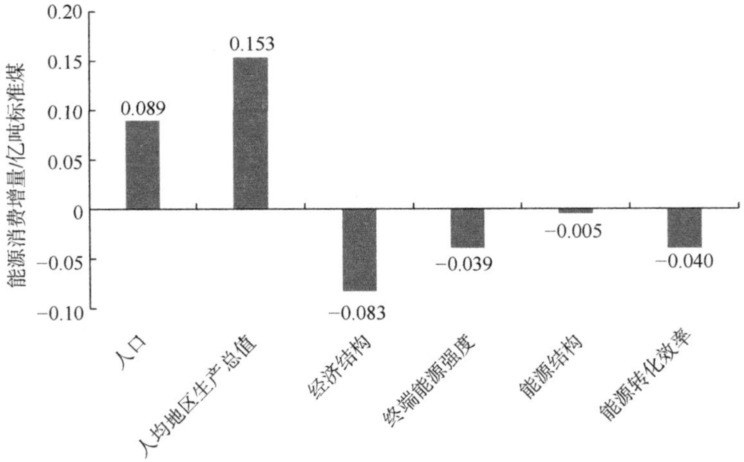

图 3-6　2011～2016 年天津经济部门能耗增长 LMDI 分解结果

如图 3-7 所示，2011～2016 年，河北人均地区生产总值增长为经济部门能耗增长的主要驱动因素。河北 2011～2016 年人均地区生产总值增加了 18.0%，人口增加了 3.2%，人均地区生产总值的提高造成了河北经济部门能耗的增长。2011～2016 年，河北经济部门能耗增长的主要抑制因素是经济结构的调整（第三产业比例上升）、能源转化效率的提高及能源强度的降低。2011～2016 年河北第二产业比重由 53.5%下降为 47.6%，第三产业比重由 34.6%上升为 41.5.%，由于第二产业对能耗的影响远大于第三产业，因此第二产业比重的下降使河北的能耗总量下

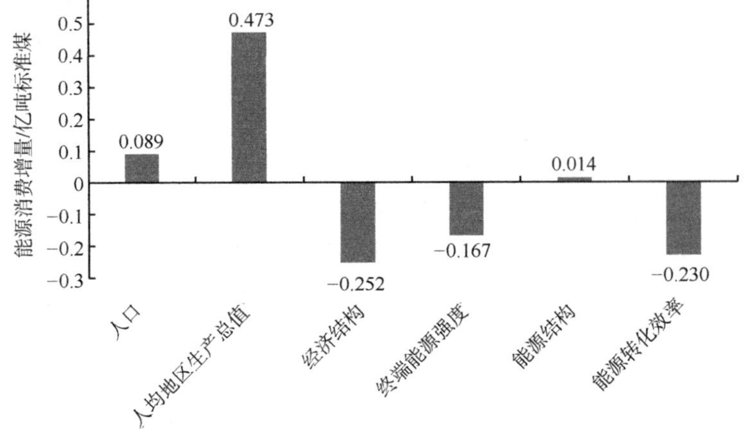

图 3-7　2011～2016 年河北经济部门能耗增长 LMDI 分解结果

降。能源转化效率的提高主要来自两个方面：一是焦炭、煤气等煤制品的生产效率提高；二是电力和热力的生产效率大幅提高。河北在电力生产比例变化不大的同时，发电效率由 33.2%提升到了 38.3%，技术进步带来了能耗总量的下降。河北三次产业的能源强度均下降了 5%～8%，由此造成了能耗总量的下降（特别是第二产业）。

如图 3-8 至图 3-10 所示，2011～2016 年，北京住宅部门能耗增长的主要驱动因素是人均能耗的增加，主要抑制因素是能源转化效率的提高。天津住宅部门能耗增长的主要驱动因素是人均能耗及人口的增加，主要抑制因素是能源转化效率的提高。河北住宅部门能耗增长的主要驱动因素是人均能耗的增加，主要抑制因素是能源转化效率的提高。

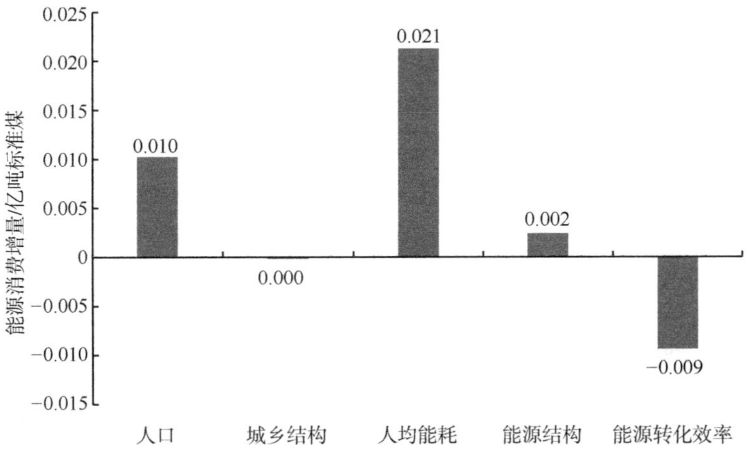

图 3-8　2011～2016 年北京住宅部门能耗增长 LMDI 分解结果

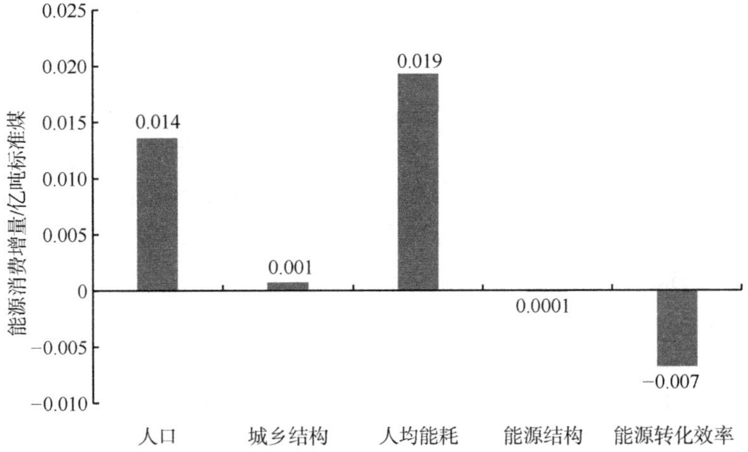

图 3-9　2011～2016 年天津住宅部门能耗增长 LMDI 分解结果

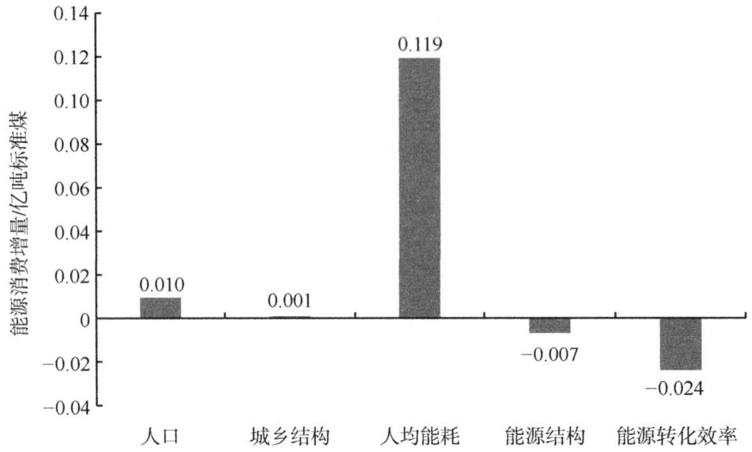

图 3-10　2011～2016 年河北住宅部门能耗增长 LMDI 分解结果

3. 对京津冀地区能源系统的基本认识

京津冀地区本地资源相对有限，主要依赖外部能源的调入，京津冀地区经济社会发展水平较高，能耗总量较大。京津冀地区有油品的大量调入调出，是重要的油品中转基地。2011 年至 2016 年间，京津冀地区经济部门能耗增长的主要驱动因素均是经济发展，能耗增长的主要抑制因素是经济结构的变化。

二、长三角

长三角地区包括上海、江苏、浙江、安徽四个省市。2016 年，长三角地区的地区生产总值约占全国主要区域的 26.9%，人口占全国主要区域的 19.3%，人均生产总值为 8.0 万元，高于主要区域平均水平 39.4%。基于一次能源量标准，长三角能耗总量为 7.5 亿吨标准煤，能源强度低于主要区域平均水平 28.6%。

长江三角洲是入海之前形成的冲积平原，地理上包括“三省一市”——江苏、浙江、安徽和上海。改革开放以来，长三角“三省一市”成为中国经济活力较强、开放程度较高、创新能力较强、吸纳外来人口较多的区域之一，被誉为“中国乃至世界经济增长的发动机”和“全国六大超大城市群之一”。

伴随着国家政策的东风吹来，长三角区域一体化迎来了新一轮发展契机。2016 年 5 月，国务院批准《长江三角洲城市群发展规划》，这是长江三角洲地区顺应时代潮流、服务国家现代化建设大局的一大契机。长三角城市群要建设面向全球、辐射亚太、引领全国的世界级城市群，建成最具经济活力的资源配置中心、具有全球影响力的科技创新高地、全球重要的现代服务业和先进制造业中心、亚太地区重要国际门户、全国新一轮改革开放排头兵、美丽中国建设示范区。

1. 长三角地区能源系统现状

能源供应方面，长三角地区主要依赖进口，但安徽有超过一半的原煤由本地生产，长三角地区同时也是国内较为重要的油品中转基地。

能源转化方面，长三角地区有一定的油品炼制能力，电力生产中主要以煤电为主。上海市外部电力调入比例较高，浙江省非化石能源发电比例较高。

终端消费方面，2016 年上海市第三产业能源消费占比较高，达到 39.7%。基于一次能源衡量标准，2016 年，上海市终端能源中油品占 40%，电力占 34.5%，燃气占 12.2%，煤炭占 10.2%；浙江省终端能源消费中电力占 52.1%，油品占 17.5%，煤炭占 12.5%；江苏省终端能源消费中电力占 48.2%，煤炭占 22.6%，油品占 12.9%；安徽省终端能源消费中电力占 40.5%，煤炭占 33.4%，油品占 14.7%。

2. 长三角地区能耗增长驱动因素

如图 3-11 所示，2011～2016 年，上海人均地区生产总值增长成为经济部门能耗增长的主要驱动因素，人口的增长及能源结构改变同样引起了能耗的增加。上海 2011～2016 年人均地区生产总值增加了 32.4%，人口增加了 3.4%，造成了上海经济部门能耗的增长。2011～2016 年的主要变化包括以下方面：在第二产业上，上海减少了对原煤和洗煤的消费，转而用煤气、电力和热力进行替代；而在第三产业方面，则利用煤油及热力代替了其他油产品的消费。这两个方面均导致了能耗总量的增加。2011～2016 年，上海经济部门能耗增长的主要抑制因素是能源强度的降低及经济结构的调整。上海第二产业和第三产业的能源强度分别下降了 5.7%和 27.5%；特别是第三产业能源强度的大幅下降，使能耗总量减少；上海的第二产业比重从 41.3%下降到了 29.8%，第三产业比重则从 58.0%上升到 69.8%，由此造成了能耗总量的减少。

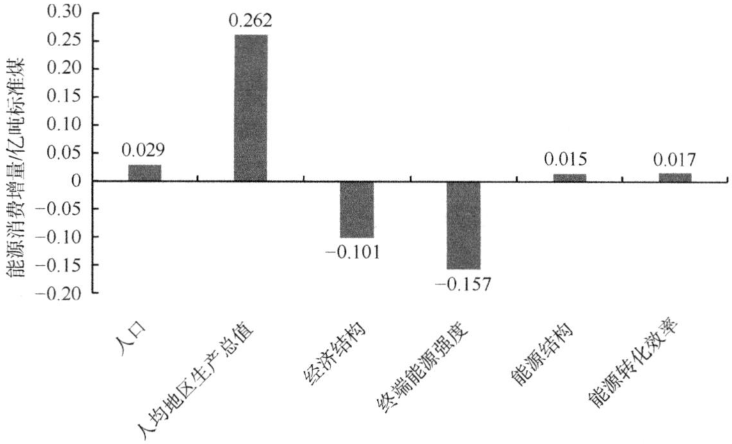

图 3-11　2011～2016 年上海经济部门能耗增长 LMDI 分解结果

如图 3-12 所示，2011～2016 年，浙江人均地区生产总值增长成为经济部门能耗增长的主要驱动因素，能源结构的调整及人口的增长也引起了能耗的增加。浙江 2011～2016 年人均地区生产总值增加了 32.9%，人口增加了 2.3%，造成了浙江经济部门能耗的增长。能源结构的变化体现在两个方面：第二产业方面，减少了对原煤、焦炭和油品的使用，使用电力、天然气和热力进行替代；第三产业方面的主要变化则是用电力替代了部分柴油和热力的消费。两方面的变化均造成了能耗总量的增加。

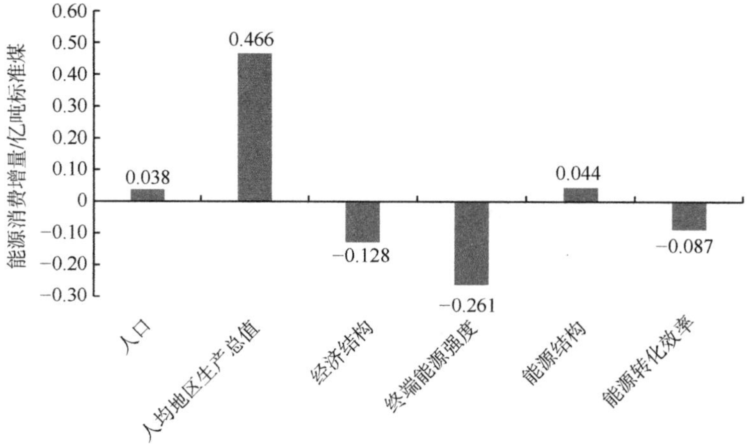

图 3-12　2011～2016 年浙江经济部门能耗增长 LMDI 分解结果

如图 3-12 所示，2011～2016 年，浙江经济部门能耗增长的主要抑制因素是能源强度的降低、经济结构的调整及能源转化效率的提升。2011～2016 年浙江第一产业、第二产业、第三产业能源强度分别下降了 5.0%、13.1%和 21.9%，由于第二产业能耗较高，因此第二产业能源强度下降带来的能耗总量减少表现尤为明显，同时第三产业能源强度的降低也带来了一定的作用；浙江第二产业比重由 51.2%下降为 44.9%，第三产业比重由 43.9%上升为 51.0%，第二产业比重的下降使能耗总量大幅降低；能源转化效率的提高主要来自电力部门。2011～2016 年浙江的发电效率由 41.1%提高到了 45.6%，发电结构方面，减少了煤电的比重，增加了外部调入和可再生能源，使得能耗总量降低。

如图 3-13 所示，2011～2016 年，江苏人均地区生产总值增长成为经济部门能耗增长的主要驱动因素。江苏 2011～2016 年人均地区生产总值增加了 44.8%，造成了江苏经济部门能耗的增长。能源结构的变化体现在两个方面：第二产业方面，减少了对原煤的使用，使用电力、天然气和煤气进行替代；第三产业方面的主要变化则是用天然气和电力替代了部分汽油的消费。两方面的变化均造成了能耗总量的增加。2011～2016 年，江苏经济部门能耗增长的主要抑制因素是能源强度的降低、经济结构的调整及能源转化效率的提升。第一产业、第二产业、第三产业能源强度分别下降了 11.4%、11.9%和 22.0%，由于第二产业能耗较高，因此第二产业能源强度下降带来的能耗总量减少表现尤为明显；江苏第二产业比重由 51.3%下降为 44.7%，第三产业比重由 42.4%上升为 50.0%，第二产业比重的下降使能耗总量大幅降低；能源转化效率的提高主要来自电力部门，其次是焦炭部门，2011～2016 年江苏的发电效率由 40%提高到了 42.7%，使得能耗总量降低。

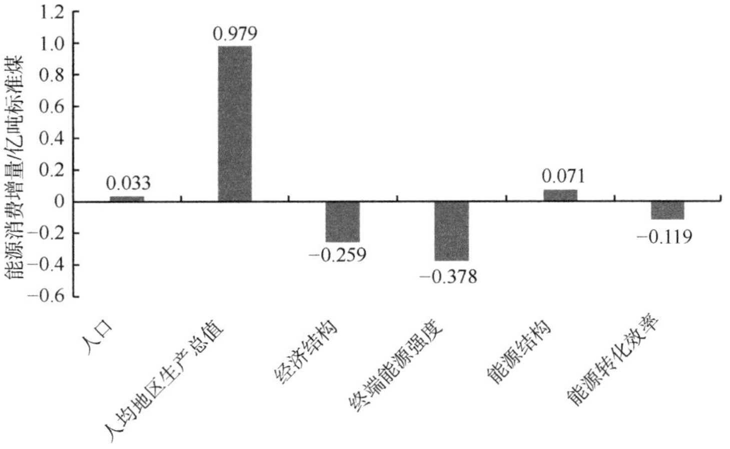

图 3-13 2011～2016 年江苏经济部门能耗增长 LMDI 分解结果

如图 3-14 所示，2011～2016 年，安徽人均地区生产总值增长成为经济部门能耗增长的主要驱动因素，能源结构的调整及人口的增长也引起了能耗的增加。安徽 2011～2016 年人均地区生产总值增加了 42.9%，人口增加了 3.8%，造成了安徽经济部门能耗的增长；能源结构的变化主要体现在第二产业方面，减少了对原煤、洗煤的使用，使用电力、煤气进行替代。2011～2016 年，安徽经济部门能耗增长的主要抑制因素是能源强度的降低、经济结构的调整及能源转化效率的提升。2011～2016 年安徽第一产业、第二产业、第三产业能源强度分别下降了 3.1%、13.7%和 0.9%，由于第二产业能耗较高，因此第二产业能源强度下降带来的能耗总量减少表现尤为明显；安徽第二产业比重由 54.3%下降为 48.4%，第三产业比重由 32.5%上升为 41.0%，第二产业比重的下降使能耗总量大幅降低；能源转化效率的提高主要来自电力部门。2011～2016 年安徽的发电效率由 38.0%提高到了 40.8%，发电结构方面，减少了煤电的比重，增加了其他形式的发电，使得能耗总量降低。

如图 3-15 至图 3-18 所示，2011～2016 年，长三角地区住宅部门能耗增长主要驱动因素是人均能耗的增加，能源转化效率的提升（上海除外）对抑制能耗增长有一定的作用，但并不明显。

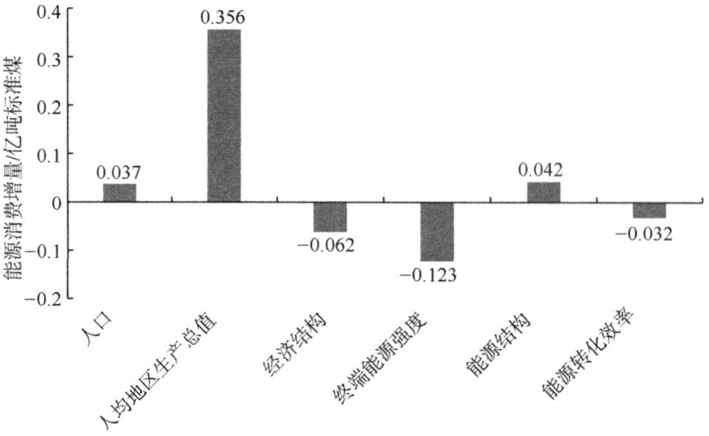

图 3-14　2011～2016 年安徽经济部门能耗增长 LMDI 分解结果

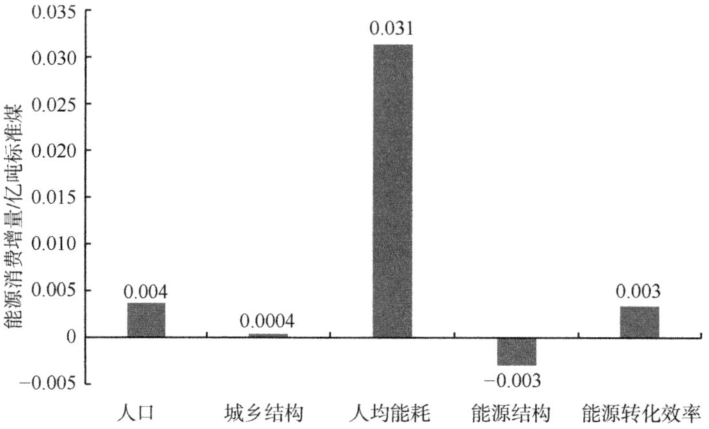

图 3-15　2011～2016 年上海住宅部门能耗增长 LMDI 分解结果

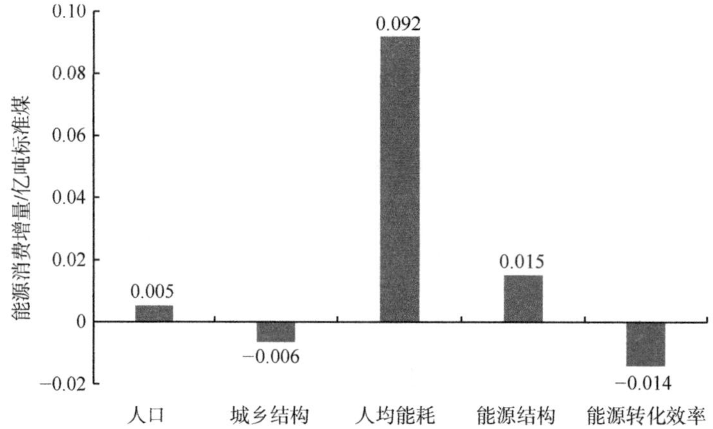

图 3-16　2011～2016 年浙江住宅部门能耗增长 LMDI 分解结果

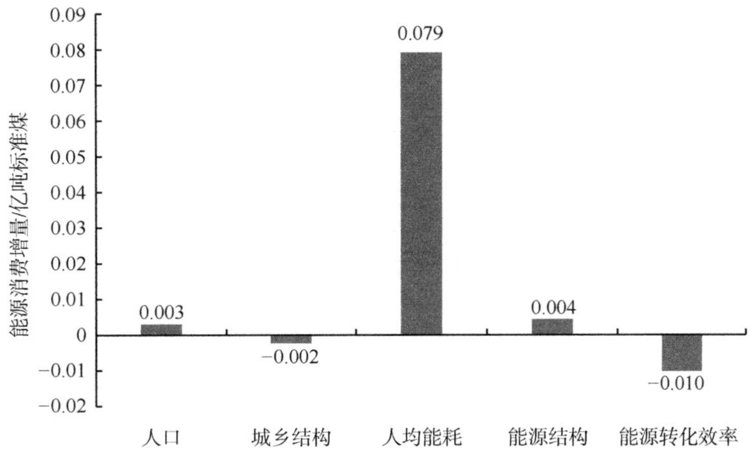

图 3-17　2011～2016 年江苏住宅部门能耗增长 LMDI 分解结果

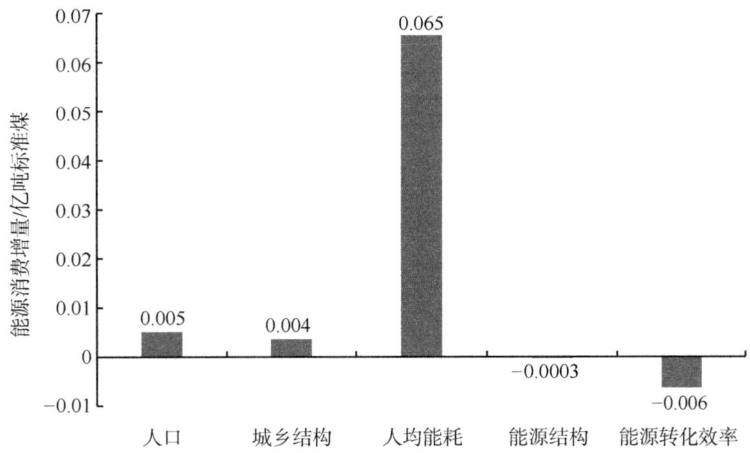

图 3-18　2011～2016 年安徽住宅部门能耗增长 LMDI 分解结果

3. 对长三角地区能源系统的基本认识

长三角的经济社会发展水平较高，能耗总量大。长三角地区主要依赖外部能源的调入，同时有油品的大量调入调出，是重要的油品中转基地。2011 年至 2016 年间，长三角地区能耗增长的主要驱动因素是经济发展，长三角地区经济部门能耗增长的主要抑制因素主要是能源强度降低，随后是经济结构的调整。

三、珠三角

珠三角地区主要是指广东。2016 年，广东省的地区生产总值约占全国主要区域的 13.6%，人口占全国主要区域的 9.7%，人均生产总值为 7.95 万元，高于主要区域平均水平 40.3%。基于一次能源量标准，广东省能耗总量为 3.3 亿吨标准煤，能源强度低于主要区域平均水平 37.2%。

1. 珠三角地区能源系统现状

能源供应方面，广东主要依赖进口，是国内较为重要的油品中转基地。

能源转化方面，广东地区有一定的油品炼制能力，电力生产中主要以煤电为主。广东外部电力调入比例较高。广东的发电效率为 43.5%。

终端消费方面，广东第三产业能源消费占比较高。基于一次能源衡量标准，2016 年广东终端能源中电力占 48.2%、油品占 28.8%、燃气占 9.8%、煤炭占 10.4%。

2. 珠三角地区能耗增长驱动因素

如图 3-19 所示，2011～2017 年，广东人均地区生产总值增长成为经济部门能耗增长的主要驱动因素。六年间人均地区生产总值增加了 41.3%，人口增加了 6.3%，造成了广东经济部门能耗的增长。2011～2017 年，广东经济部门能耗增长的主要抑制因素是能源强度的降低、经济结构的调整。六年间广东第二产业、第三产业能源强度分别下降了 24.1%和 25.0%，由于第二产业能耗较高，因此第二产业能源强度下降带来的能耗总量减少表现尤为明显；广东第二产业比重由 49.7%下降为 42.4%，第三产业比重由 45.3%上升为 53.6%，第二产业耗能较大，导致能源消费减少。

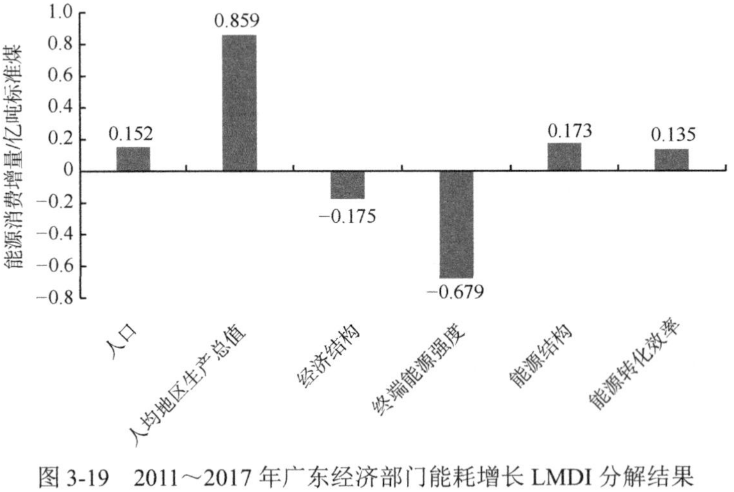

图 3-19　2011～2017 年广东经济部门能耗增长 LMDI 分解结果

如图 3-20 所示，广东住宅部门能耗增长的主要驱动因素是人均能耗的增加，此外人口的增长、能源结构及能源转化效率的改变也促进了能源消费量的增长。只有城乡结构的调整对抑制能耗增长有作用。

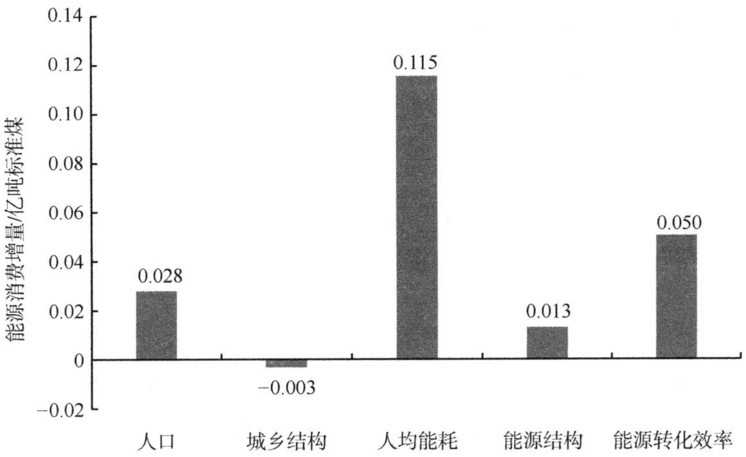

图 3-20　2011～2017 年广东住宅部门能耗增长 LMDI 分解结果

3. 对珠三角地区能源系统的基本认识

珠三角的经济社会发展水平较高，但是其包含区域较小，能耗总量相比其他地区较低。珠三角地区主要赖外部能源的调入，同时有油品的大量调入调出，是重要的油品中转基地。2011 年至 2017 年间，珠三角地区经济部门能耗增长的主要驱动因素是经济发展，珠三角地区能耗增长的主要抑制因素是能源强度降低，随后是经济结构的调整。

四、老工业基地

老工业基地地区包括黑龙江、吉林、辽宁及山西。2016 年，老工业基地的地区生产总值约占全国主要区域的 9.9%，人口约占全国的 12.7%，人均地区生产总值约为 4.5 万元，低于主要区域平均水平 21.7%。基于一次能源量标准，老工业基地能耗总量约为 6.6 亿吨标准煤，能源强度高于主要区域平均水平 71.0%。

老工业基地作为东北亚经济圈极为关键的一环，在圈内发挥着重要的作用。东北老工业基地是东北亚自然地理位置的中心，是连接东北亚各国的交通和通信中心。在东北亚经济圈内，东北老工业基地以其多功能综合性重要工业城市的优势发挥着举足轻重的作用，并逐步具备与周边国家和地区分工协作的作为经济中心的吸引力和辐射功能。随着经济全球化进程的加快，以地缘关系为基础的区域性经济合作日趋加强，东北亚地区在亚洲乃至全球经济发展中的地位和作用也将越来越重要。东北老工业基地要充分利用机遇发挥自己的优势，促进东北亚地区同周围国家的经济合作。

1. 老工业基地能源系统现状

能源供应方面，黑龙江、吉林与辽宁主要依赖调入，黑龙江是重要的原油生产基地，辽宁是油品中转站，山西是重要的煤炭基地。

能源转化方面，辽宁是重要的油品炼制基地，山西有大量的焦炭生产并调出。老工业基地各省的电力供应结构均以煤电为主，吉林非化石能源占比较高。为保障供暖，黑龙江、吉林、辽宁的发电效率普遍偏低，但能源梯级利用效率较高。

终端消费方面，2016 年，黑龙江与吉林的一次能源衡量标准下的终端能源中第三产业占比较高，分别为 26.6%与 21.5%。基于一次能源量衡量标准的终端能源消费结构，黑龙江终端能源消费中煤炭占 32.6%、电力占 27.1%、油品占 18.2%、热力占 15.5%；吉林终端能源消费中煤炭占 31.1%、电力占 30.3%、热力占 14.1%、油品占 13.3%；辽宁终端能源消费中电力占 30.1%、煤炭占 27.7%、油品占 21.2%；山西终端能源消费中煤炭占 35.1%、电力占 29.5%、油品占 20.3%。

2. 老工业基地能耗增长驱动因素

如图 3-21 所示，2011～2016 年，黑龙江能源强度的提升及人均地区生产总值增长成为经济部门能耗增长的主要驱动因素。黑龙江第一产业、第二产业、第三产业能源强度分别上升了 14.4%、60.9%和 9.4%，三个产业特别是第二产业的能源强度的提高导致了能耗总量的增加；黑龙江五年间人均地区生产总值增加了 14.8%，造成了黑龙江经济部门能耗的增长。2011～2016 年，黑龙江经济部门能耗增长的主要抑制因素是经济结构的调整、能源转化效率的提升及能源结构的调整。黑龙江第二产业比重由 47.4%下降为 28.6%，第三产业比重由 39.1%上升为

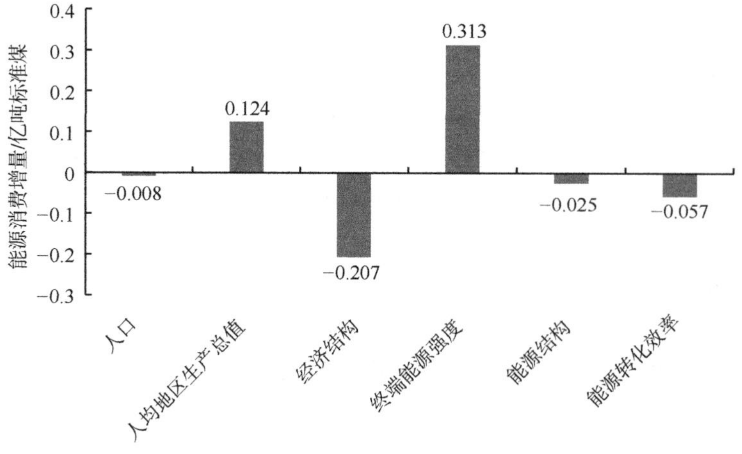

图 3-21 2011～2016 年黑龙江经济部门能耗增长 LMDI 分解结果

54.0%，第二产业比重的下降使能耗总量大幅降低。能源转化效率的提高主要来自电力和热力部门。五年间黑龙江的发电效率由28.6%提高到了32.9%，发电结构方面没有太大的变化。能源结构的变化体现在两个方面：第二产业方面，减少了对洗煤、焦炭和电力的使用，使用原煤和热力进行替代；第三产业方面的主要变化则是用原煤替代了部分柴油和汽油的消费。两方面的变化均造成了能耗总量的减少。

如图3-22所示，2011～2016年，吉林人均地区生产总值增长及能源结构调整成为经济部门能耗增长的主要驱动因素。吉林五年间人均地区生产总值增加了30.8%，人均地区生产总值的快速提高造成了吉林经济部门能耗增长。吉林能源结构的变化体现在两个方面：第二产业方面，减少了对原煤、焦炭使用，使用电力、天然气、热力和其他能源进行替代；第三产业方面的主要变化则是用洗煤和电力替代了部分柴油的消费。两方面的变化均造成了能耗总量的增加。2011～2016年，吉林经济部门能耗增长的主要抑制因素是能源强度的降低，其他抑制因素是经济结构的调整及能源转化效率的提升与人口的减少。吉林第二产业、第三产业能源强度分别下降了31.1%和8.5%，而第一产业能源强度则上升了72.1%，由于第二产业能耗较高，第一产业的比重很低，因此第二产业能源强度下降带来的能耗总量减少表现尤为明显，同时第三产业能源强度的降低也带来了一定的作用。吉林第二产业比重由53.1%下降为47.4%，第三产业比重由34.8%上升为42.5%，第二产业比重的下降使能耗总量降低。吉林能源转化效率的提高主要来自电力和焦炭。吉林的状况与辽宁相似，五年间吉林的发电效率由26.8%提高到了29.3%，发电结构方面，减少了煤电的比重，增加了非化石电力，使得能耗总量降低。

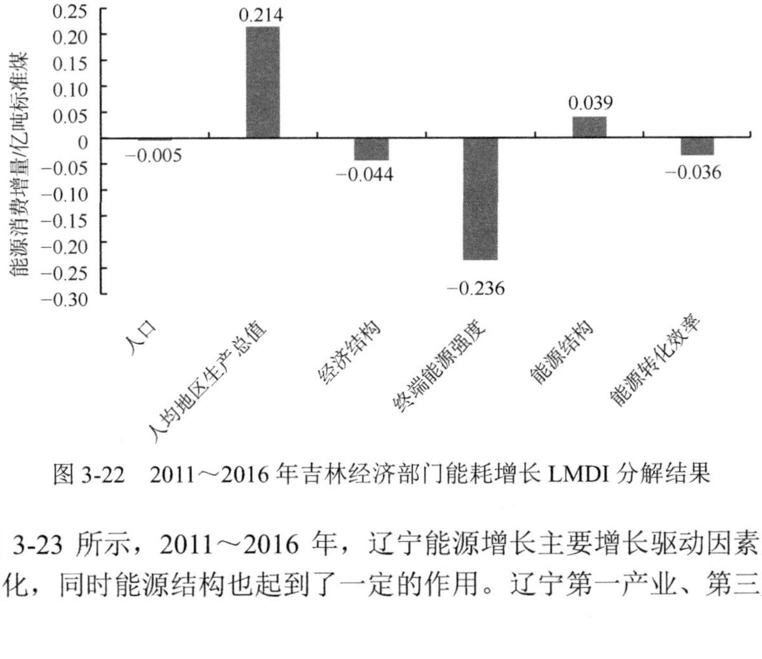

图3-22 2011～2016年吉林经济部门能耗增长LMDI分解结果

如图3-23所示，2011～2016年，辽宁能源增长主要增长驱动因素来自能源强度的变化，同时能源结构也起到了一定的作用。辽宁第一产业、第三产业能源强度分别下降了 2.3%和 11.5%，但同时，第二产业的能源强度上升了 45.3%，由于第二产业能耗较高，因此第二产业能源强度上升带来的能耗总量增加表现尤为明显。能源结构的变化体现在两个方面：第二产业方面，减少了对原煤、洗煤、焦炭和部分油品的使用，使用电力、其他油品和热力进行替代；第三产业方面的主要变化则是用电力替代了其他油品的消费。两方面的变化均造成了能耗总量的增加。2011～2016 年，辽宁经济部门能源消费增长的主要抑制因素中，除了经济结构的变化外，人均地区生产总值下降及能源转化效率的提升也在其中。辽宁第二产业比重由 54.7%下降为 38.7%，第三产业比重由 36.7%上升为 51.5%，第二产业比重的下降使能耗总量大幅降低；辽宁五年间人均地区生产总值下降了 6.8%；能源转化效率的提高主要来自电力部门，其次是煤气部门。五年间辽宁的发电效率由 29.4%提高到了 32.8%，发电结构方面，减少了煤电的比重，增加了非化石电力的比重，使得能耗总量降低。

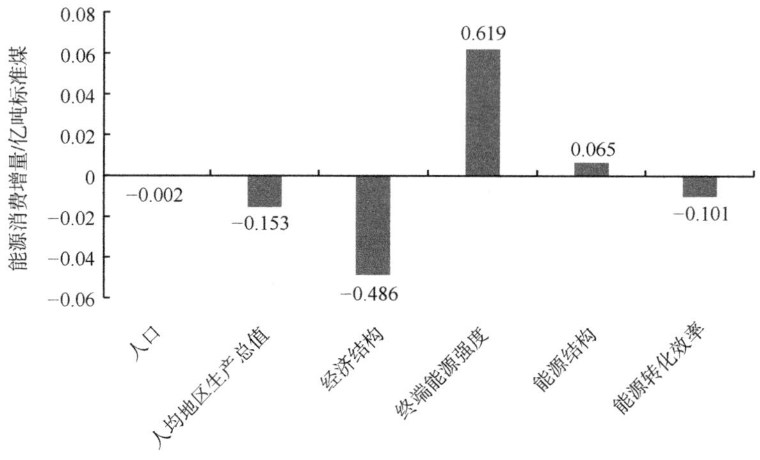

图 3-23　2011～2016 年辽宁经济部门能耗增长 LMDI 分解结果

如图 3-24 所示，2011～2016 年，经济发展（人均地区生产总值增加）虽然促进了山西能耗的增长，却不是主要的影响因素。对山西而言，驱动能耗增长的主要因素是能源强度的提高，其次是一次能源转化效率的提高。山西第一产业、第三产业能源强度分别下降了 18.3%和 32.7%，但第二产业能源强度上升了 51.9%，从而使能源强度的整体作用呈现极大的促进增长作用；山西五年间人均地区生产总值增加了 5.4%，人均（包括总量）地区生产总值的提高造成了山西经济部门能耗的增长。2011～2016 年，抑制山西能耗增长的主要因素是经济结构的调整。山西第二产业比重由 59.0%下降为 38.5%，第三产业比重由 35.2%上升为 55.4%，第二产业比重的下降使能耗总量大幅降低。

老工业基地地区住宅部门能耗增长 LMDI 分解结果，如图 3-25 至图 3-28 所示。2011～2016 年，辽宁住宅部门能耗增长的主要驱动因素是人均能耗的增加。

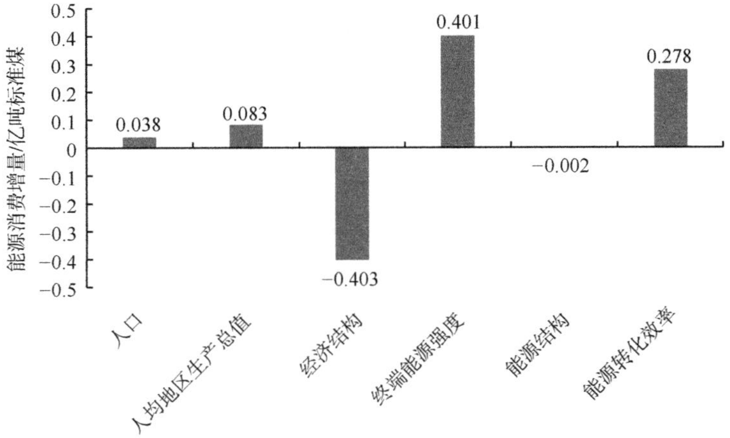

图 3-24　2011～2016 年山西经济部门能耗增长 LMDI 分解结果

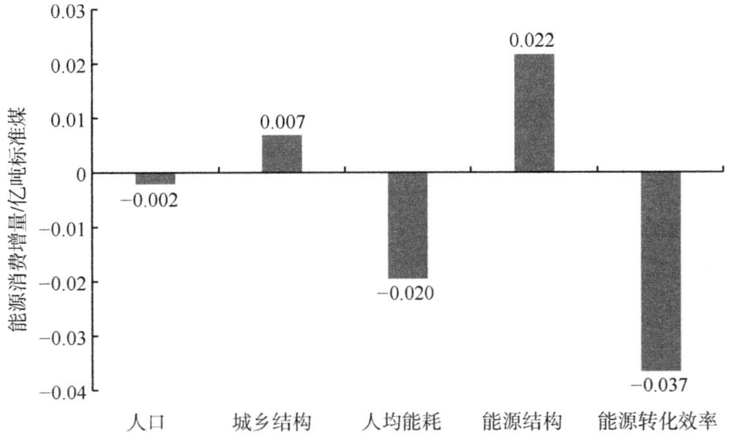

图 3-25　2011～2016 年黑龙江住宅部门能耗增长 LMDI 分解结果

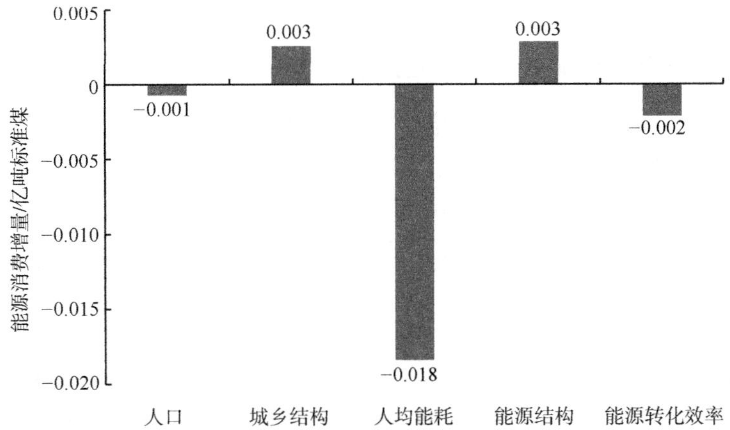

图 3-26　2011～2016 年吉林住宅部门能耗增长 LMDI 分解结果

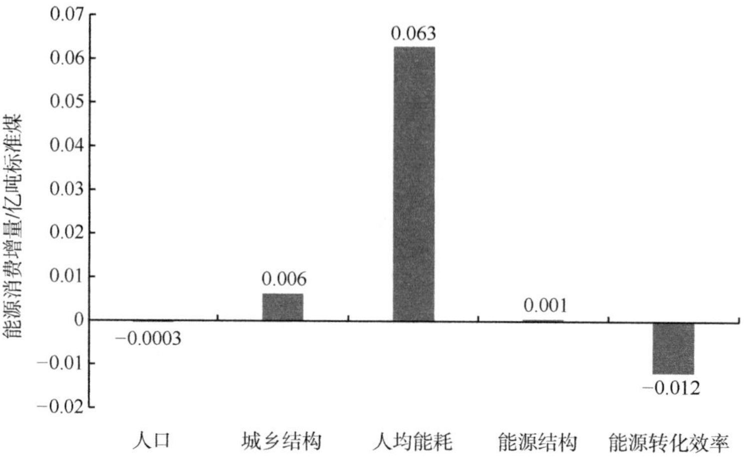

图 3-27　2011～2016 年辽宁住宅部门能耗增长 LMDI 分解结果

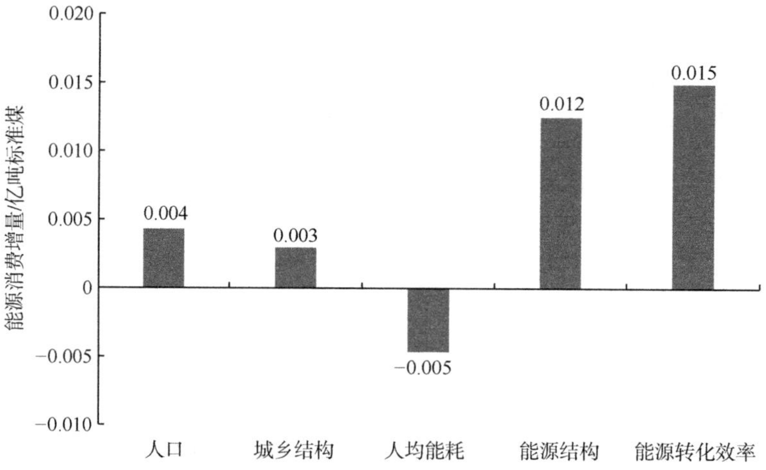

图 3-28　2011～2016 年山西住宅部门能耗增长 LMDI 分解结果

3. 对老工业基地能源系统的基本认识

老工业基地的东北与山西的能源系统特点不同，东北老工业基地本地资源有限，能源供应主要依赖于外部调入，且是油品的重要中转地区，而山西是国内主要的煤炭生产基地。2011 年至 2016 年间老工业地区经济部门能耗增长的主要驱动因素是能源强度的提升，主要抑制因素是经济结构的调整。

五、中部

本书研究中中部地区包括河南、湖南、湖北、江西四省。2016 年，中部地区的地区生产总值约占全国主要区域的 18.7%，人口占全国主要区域的 23.3%，人均生产总值为 4.6 万元，低于主要区域平均水平 19.8%。基于一次能源量标准，中部能耗总量为6.3亿吨标准煤，能源强度低于主要区域平均水平13.9%。

中部地区在全国区域发展格局中具有举足轻重的战略地位。促进中部地区崛起，是落实四大板块区域布局和“三大战略”的重要内容，是构建全国统一大市场、推动形成东中西区域良性互动协调发展的客观需要，是优化国民经济结构、保持经济持续健康发展的战略举措，是确保如期实现全面建成小康社会目标的必然要求。

《促进中部地区崛起“十三五”规划》中，提出巩固提升“三基地、一枢纽”地位，适应新形势新任务新要求，对中部地区的定位为全国重要先进制造业中心、全国新型城镇化重点区、全国现代农业发展核心区、全国生态文明建设示范区及全方位开放重要支撑区。

1. 中部地区能源系统现状

能源供应方面，中部地区各省份的能源主要以调入为主，能源自给率均不超过50%，河南本地有一定量原煤生产。能源转化方面，河南与江西的电力生产主要以煤电为主，湖南与湖北电力生产中非化石能源占比高，中部地区各省份的发电效率较高。

终端能源消费方面，基于一次能源量衡量标准，2016年，河南终端能源消费结构中，电力占42.8%、煤炭占29.5%、油品占12.3%、燃气占8.8%；湖南终端能源消费结构中煤炭占37.5%、电力占34.1%、油品占15.4%；湖北终端能源消费结构中煤炭占33.9%、电力占35.3%、油品占20.7%、燃气占6.8%；江西终端能源消费结构中煤炭占36.2%、电力占37.5%、油品占14.4%、燃气占9.9%。

2. 中部地区能耗增长驱动因素

如图3-29所示，2011～2016年，河南经济部门能耗增长的主要驱动因素是人均地区生产总值增长，其他因素是能源结构调整与人口增长。河南五年间人均地区生产总值增加了32.8%，人口增加了1.5%，人均地区生产总值的快速提高造成了河南经济部门能耗的增长；能源结构的变化主要体现在第二产业方面，即减少了对原煤的使用，使用电力、天然气、热力、其他能源及其他形式的煤产品进行替代，从而使总能耗增加。2011～2016年，河南经济部门能耗增长的主要抑制因素是能源强度的降低，其他抑制因素是经济结构的调整。河南第一产业、第二产业、第三产业能源强度分别下降了1.9%、12.4%和21.9%，由于第二产业能耗较高，因此第二产业能源强度下降带来的能耗总量减少表现尤为明显，同时第三产业能源强度的降低也带来了一定的作用；河南第二产业比重由58.8%下降为47.6%，第三产业比重由28.6%上升为41.8%，第二产业比重的下降使能耗总量大幅降低；能源转化效率的提高主要来自电力部门。五年间河南的发电效率由33.7%提高到了39.4%，发电结构方面，减少了煤电的比重，增加了外部调入，使得能耗总量降低。但同时，焦炭部门存在转换效率降低的现象。

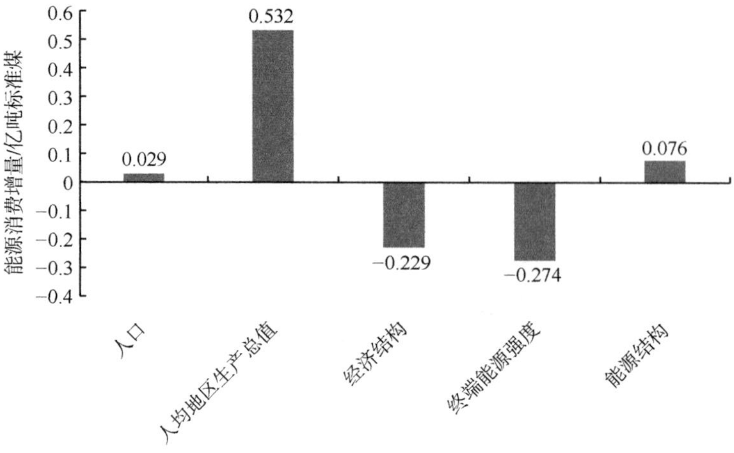

图 3-29　2011～2016 年河南经济部门能耗增长 LMDI 分解结果

如图 3-30 所示，2011～2016 年，湖南经济部门能耗增长的主要驱动因素是人均地区生产总值增长，其他因素是人口增长。湖南五年间人均地区生产总值增加了 44.3%，人口增加了 3.4%，人均地区生产总值的快速提高造成了湖南经济部门能耗的增长。2011～2016 年，湖南经济部门能耗增长的主要抑制因素是能源强度降低，其他因素是经济结构与能源结构的调整。湖南第一产业、第二产业、第三产业能源强度分别下降了 14.7%、24.9%和 14.3%，由于第二产业能耗较高，因此第二产业能源强度下降带来的能耗总量减少表现尤为明显，同时第三产业能源强度的降低也带来了一定的作用；能源转化效率的提高主要来自电力部门。五年间湖南的发电效率由 33.9%提高到了 40.1%，发电结构方面，减少了煤电的比重，增加了非化石电力，使得能耗总量降低。同时，焦炭部门存在转换效率提高的现

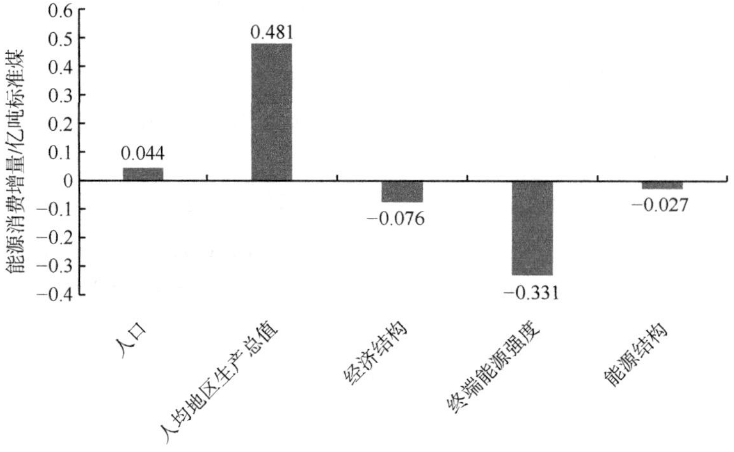

图 3-30　2011～2016 年湖南经济部门能耗增长 LMDI 分解结果

象而热力部门存在转换效率降低问题。湖南第二产业比重由47.6%下降为42.3%，第三产业比重由38.3%上升为46.4%，第二产业比重的下降使能耗总量大幅降低。能源结构的变化体现在两个方面：第二产业方面，减少了对洗煤、电力和热力的使用，使用原煤、焦炭、其他油产品和天然气进行替代；第三产业方面的主要变化则是用原煤和电力替代了部分其他能源和柴油的消费。两方面的变化均造成了能耗总量的减少。

如图3-31所示，2011～2016年，湖北经济部门能耗增长的主要驱动因素是人均地区生产总值增长，其他因素是能源结构调整与人口增长。湖北五年间人均地区生产总值增加了51.4%，人均地区生产总值的快速提高造成了湖北经济部门能耗的快速增长。湖北能源结构的变化体现在两个方面：第二产业方面，减少了对原煤的使用，使用电力、热力、其他油产品及焦炭进行替代；第三产业方面的主要变化则是用电力、汽油和柴油替代了部分原煤的消费。两方面的变化均造成了能耗总量的增加。2011～2016年，湖北经济部门能耗增长的主要抑制因素是能源强度降低，其他因素是经济结构的调整。湖北第一产业、第二产业、第三产业能源强度分别下降了35.7%、47.4%和41.4%，由于第二产业能耗较高，因此第二产业能源强度下降带来的能耗总量减少表现尤为明显，同时第三产业能源强度的降低也带来了一定的作用；湖北第二产业比重由50.0%下降为44.9%，第三产业比重由36.9%上升为43.9%，第二产业比重的下降使能耗总量大幅降低；能源转化效率的提高主要来自电力部门。五年间湖北的发电效率由36.3%提高到了41.6%，发电结构方面，减少了煤电的比重，增加了外部调入，使得能耗总量降低。但同时，焦炭部门存在转换效率降低的现象。

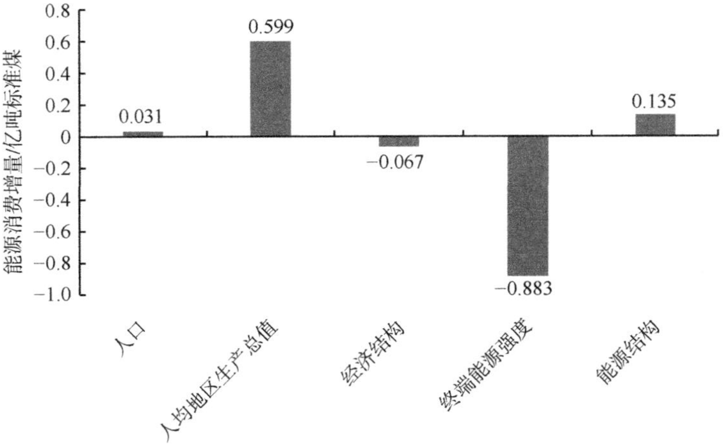

图3-31　2011～2016年湖北经济部门能耗增长LMDI分解结果

如图3-32所示，2011～2016年，江西经济部门能耗增长的主要驱动因素是人均地区生产总值增长，其他因素是能源强度提升与人口增长。江西五年间人均地区生产总值增加了 43.7%，人口增加了 2.3%，人均地区生产总值的快速提高造成了江西经济部门能耗的快速增长；江西第一产业、第三产业能源强度分别下降了 16.0%和 17.0%，但第二产业能源强度上升了 7.8%，由于第二产业能耗较高，因此总的能耗总量增加。2011～2016 年，江西经济结构调整对于抑制能耗增长有一定作用，但并不明显。江西第二产业比重由 54.6%下降为 47.7%，第三产业比重由 33.5%上升为 42.0%，第二产业比重的下降使能耗总量大幅降低；能源转化效率的提高主要来自电力部门。五年间江西的发电效率由 35.8%提高到了 41.0%，发电结构方面，减少了煤电的比重，增加了非化石发电，使得能耗总量降低。

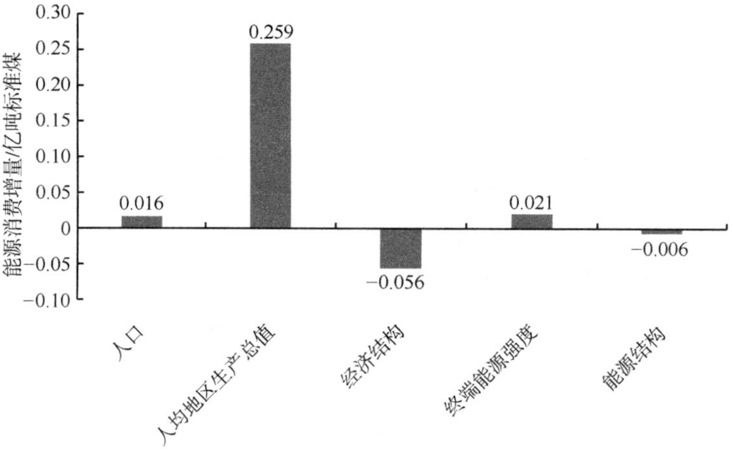

图 3-32　2011～2016 年江西经济部门能耗增长 LMDI 分解结果

如图 3-33 至图 3-36 所示，中部地区省份住宅部门能耗的增长基本上是由人均能耗的增长驱动的，比较特殊的是湖南，能源结构的调整反而是住宅部门能耗增长的主要原因；能源转化效率提升对抑制能耗增长有一定的作用，但并不明显。

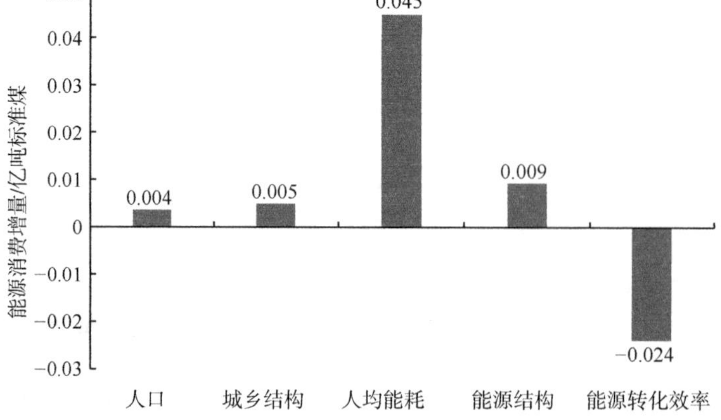

图 3-33　2011～2016 年河南住宅部门能耗增长 LMDI 分解结果

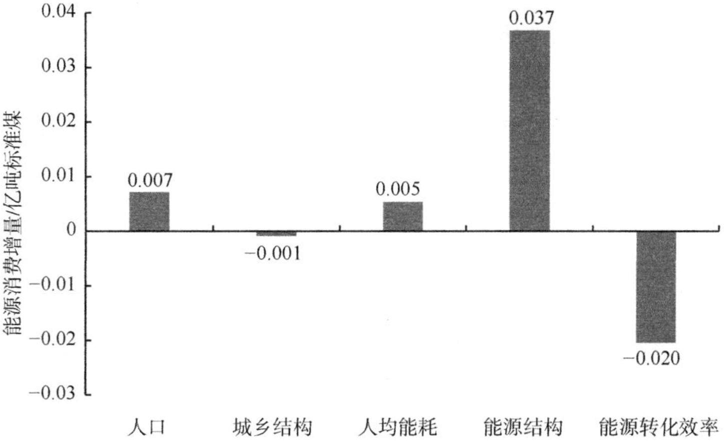

图 3-34　2011～2016 年湖南住宅部门能耗增长 LMDI 分解结果

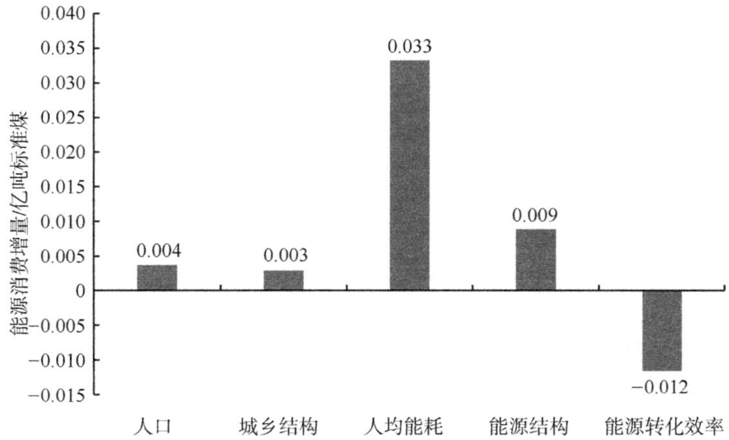

图 3-35　2011～2016 年湖北住宅部门能耗增长 LMDI 分解结果

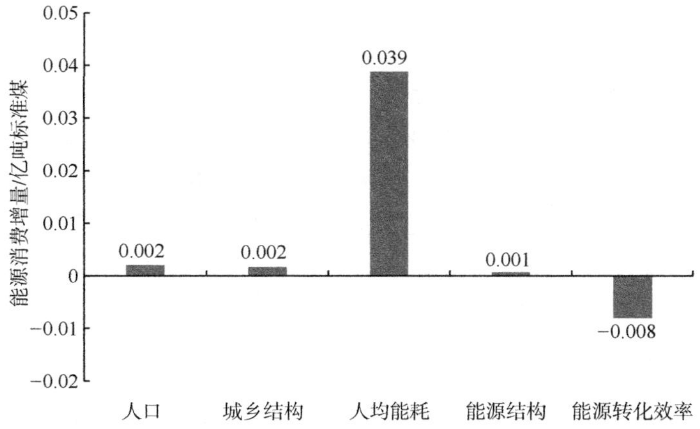

图 3-36　2011～2016 年江西住宅部门能耗增长 LMDI 分解结果

3. 对中部地区能源系统的基本认识

中部地区化石能源资源有限，但有一定量的非化石能源，能源总体上主要依赖外部调入。终端消费中煤炭占比较高。2011 年至 2016 年间中部地区经济部门能耗增长的主要驱动因素是经济的发展，主要抑制因素是能源强度的降低，其次是经济结构的调整。

六、能源富集地区

本书研究中能源富集地区包括新疆、宁夏、内蒙古与陕西。2016 年，能源富集地区的地区生产总值约占全国主要区域的 7.6%，人口占全国主要区域的 8.2%，人均生产总值为 5.4 万元，低于主要区域平均水平 6.5%。基于一次能源量标准，能源富集地区能耗总量为 5.2 亿吨标准煤，能源强度高于主要区域平均水平 75.5%。

新疆、能源“金三角”地区（宁夏宁东、内蒙古鄂尔多斯、陕西榆林）是我国典型的能源富集地区，煤炭储量高，还有丰富的石油及天然气资源，是我国“西煤东运”“西气东输”“西电东送”的重要基地，是推进我国城市化、工业化的能源动力保障，新疆及能源“金三角”地区作为国家能源安全保障区、西部大开发战略新高地、国家能源资源低碳利用技术示范区、生态文明先行区、内陆开放型经济示范区，其战略发展地位直接关系到国家发展战略。新疆及能源“金三角”地区能源革命成功与否关系国家能源安全战略成功与否、关系国家能源战略布局的实施、关系国家能源战略发展的方向。

1. 能源富集地区能源系统现状

能源供给方面，能源富集地区的能源主要依赖本地生产，新疆与陕西是重要的天然气生产基地，且新疆是天然气中转基地，陕西与内蒙古有大量的煤炭调出。能源转化方面，能源富集地区的电力生产中煤电占比远超过其他。

能源终端消费方面，2016 年，新疆与宁夏基于一次能源量衡量标准的第二产业能源消费占比较高，分别为 72.9%与 84.1%。基于一次能源量衡量标准，新疆终端能源消费结构中，电力占 47.2%、煤炭占 20.3%、油品占 12.1%、燃气占 11.3%、热力占 9%；宁夏终端能源消费结构中，电力占 47.7%、煤炭占 32.6%；内蒙古终端能源消费结构中，电力占 45.2%、煤炭占 33.8%；陕西终端能源消费结构中煤炭占 32.7%、电力占 38.4%、燃气占 12.1%、油品占 11.6%。

2. 能源富集地区能耗增长驱动因素

如图 3-37 所示，2011～2016 年，新疆除了经济结构的调整及能源转化效率的提高（不明显）对抑制能耗增长起到了一定作用外，其余因素包括人均地区生产总值增加、人口增加、能源强度提高及能源结构调整均促进了能耗的增长。

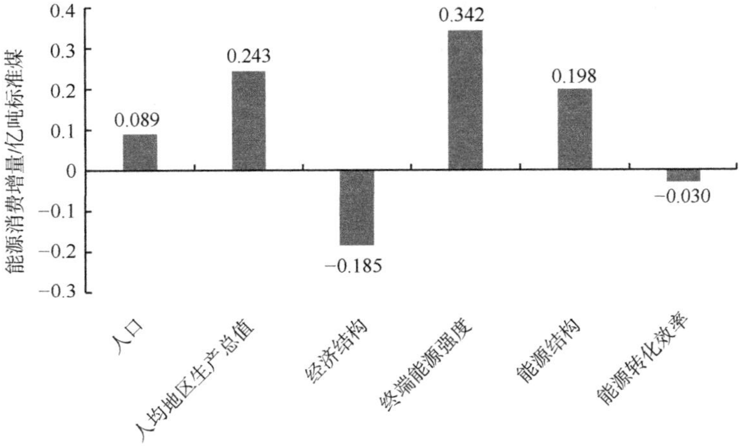

图 3-37　2011～2016 年新疆经济部门能耗增长 LMDI 分解结果

如图 3-38 所示，2011～2016 年，宁夏经济部门能耗增长的主要驱动因素是人均地区生产总值增长，其他因素是人口增长与能源结构调整。宁夏五年间人均地区生产总值增加了 32.7%，人口增加了 5.6%，人均地区生产总值的提高造成了宁夏经济部门能耗的增长；宁夏能源结构的变化体现在第二产业方面，即减少了对焦炭和天然气的使用，使用原煤和热力进行替代，这一变化造成了能耗总量的增加。2011～2016 年，宁夏经济部门能耗增长的主要抑制因素是能源强度降低，其他因素是能源转化效率的提升与经济结构的调整。宁夏第一产业、第二产业、第三产业能源强度分别下降了 11.3%、7.6%和 21.5%，由于第二产业能耗较高，因此第二产业能源强度下降带来的能耗总量减少表现尤为明显，同时第三产业

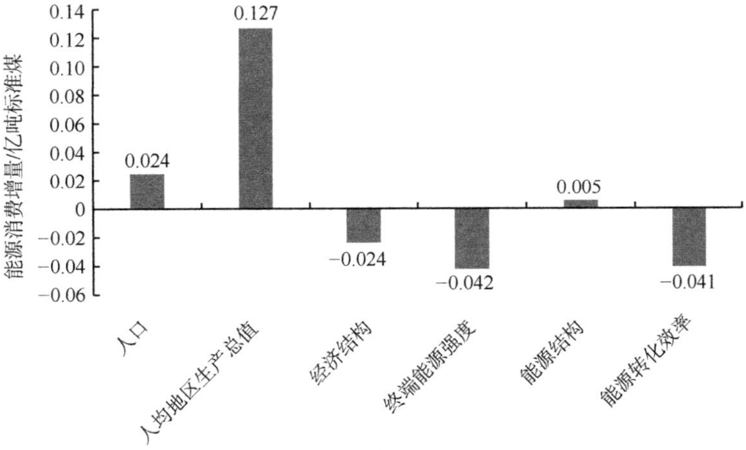

图 3-38　2011～2016 年宁夏经济部门能耗增长 LMDI 分解结果

能源强度的降低也带来了一定的作用；能源转化效率的提高主要来自电力部门。五年间宁夏的发电效率由32.6%提高到了39.4%，在发电结构方面，减少了煤电的比例，增加了非化石电力，使得能耗总量降低。宁夏第二产业比重由50.2%下降为47.0%，第三产业比重由41.0%上升为45.4%，第二产业比重的下降使能耗总量大幅降低。

如图3-39所示，2011～2016年，内蒙古经济部门能耗增长的主要驱动因素是人均地区生产总值增长，其他因素是能源结构调整与人口增长。内蒙古五年间人均地区生产总值增加了15.7%，人口增加了1.5%，人均地区生产总值的提高造成了内蒙古经济部门能耗的增长。内蒙古能源结构的变化体现在两个方面：第二产业方面，减少了对焦炭、煤气、柴油的使用，使用电力、原煤和其他油品进行替代；第三产业方面的主要变化则是用电力、热力和汽油替代了柴油的消费。两方面的变化均造成了能耗总量的增加。2011～2016年，内蒙古经济部门能耗增长的主要抑制因素是一次能源转化效率的改变，其他因素是能源强度的降低与经济结构的调整。内蒙古能源转化效率的提高主要来自电力部门。五年间内蒙古的发电效率由25.3%提高到了30.9%（但仍处于较低的水平），发电结构方面，减少了煤电的比重，增加了非化石电力，使得能耗总量降低。内蒙古第一产业、第三产业能源强度分别下降了7.5%和51.3%，但同时第二产业的能源强度上升了15.9%，第二产业能源强度变动产生的影响较大，但第三产业能源强度下降幅度与其类似，因此二者产生影响的绝对值相似，第三产业带来的能耗下降略大于第二产业的上升值，最终使总能耗略微下降。内蒙古第二产业比重由56.0%下降为47.2%，第三产业比重由34.9%上升为43.8%，第二产业比重的下降使能耗总量大幅降低。

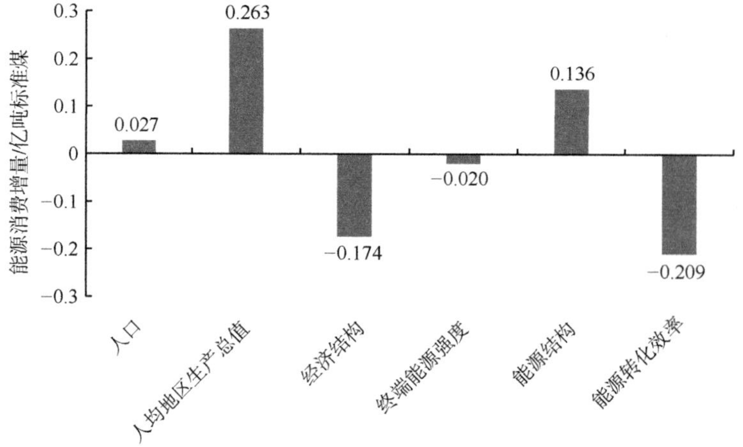

图3-39　2011～2016年内蒙古经济部门能耗增长LMDI分解结果

如图 3-40 所示，2011～2016 年，陕西经济部门能耗增长的主要驱动因素是人均地区生产总值增长，其他因素是能源结构调整与人口增长。陕西五年间人均地区生产总值增加了 41.6%，人口增加了 1.9%，人均地区生产总值的快速提高造成了陕西经济部门能耗的快速增长。陕西能源结构的变化体现在两个方面：第二产业方面，减少了对原煤的使用，使用电力、天然气和热力进行替代；第三产业方面的主要变化则是用电力和天然气替代了原煤和柴油的消费。两方面的变化均造成了能耗总量的增加。2011～2016 年，陕西经济部门能耗增长的主要抑制因素是能源强度的降低，其他因素是经济结构的调整与能源转化效率的提升。陕西第一产业、第二产业、第三产业能源强度分别下降了 31.9%、15.5%和 50.1%，由于第二产业能耗较高，因此第二产业能源强度下降带来的能耗总量减少表现尤为明显，同时第三产业能源强度的降低也带来了一定的作用。陕西第二产业比重由 55.4%下降为 48.9%，第三产业比重由 34.8%上升为 42.3%，第二产业比重的下降使能耗总量大幅降低。能源转化效率的提高主要来自电力部门。五年间陕西的发电效率由 36.8%提高到了 40.7%，在发电结构方面，增加了燃气发电和外部调入，使得能耗总量降低。

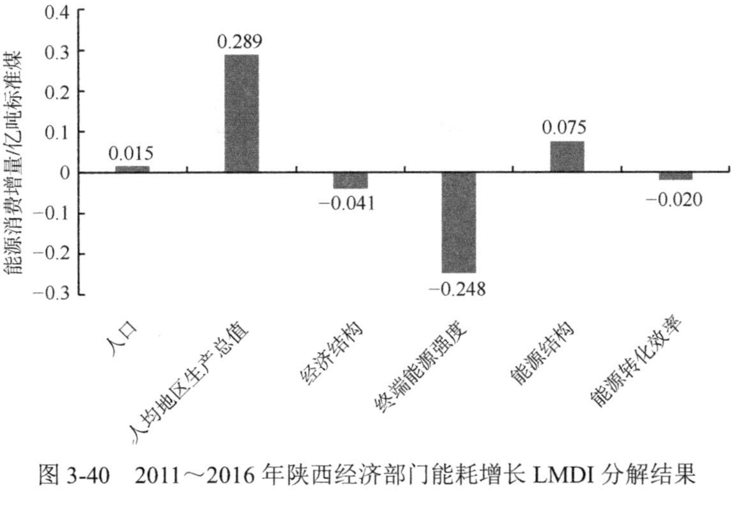

图 3-40　2011～2016 年陕西经济部门能耗增长 LMDI 分解结果

如图 3-41 至图 3-44 所示，总体上来说各省区的住宅能耗变化较小，内蒙古、陕西能耗增长主要是由于能源结构的调整，新疆、宁夏则主要是由于人均能耗的增加。此外，新疆住宅部门能耗增长主要是由于人均能耗的增长，其他因素对能耗变化的影响均不明显。

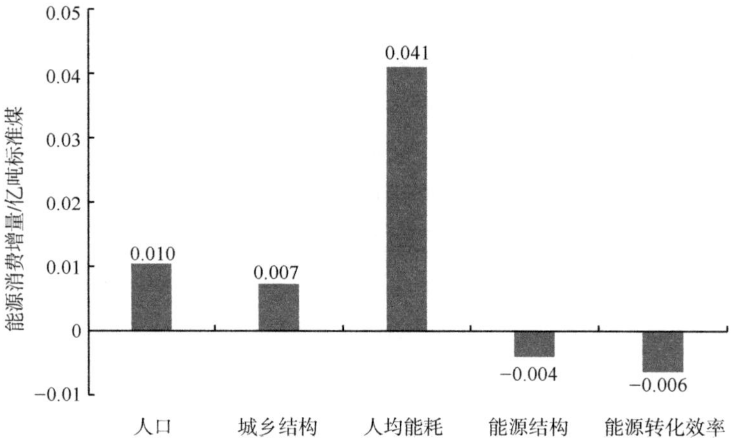

图 3-41 2011～2016 年新疆住宅部门能耗增长 LMDI 分解结果

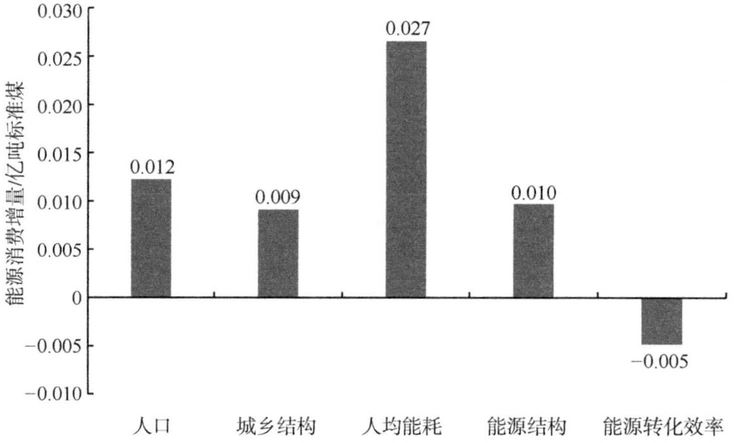

图 3-42 2011～2016 年宁夏住宅部门能耗增长 LMDI 分解结果

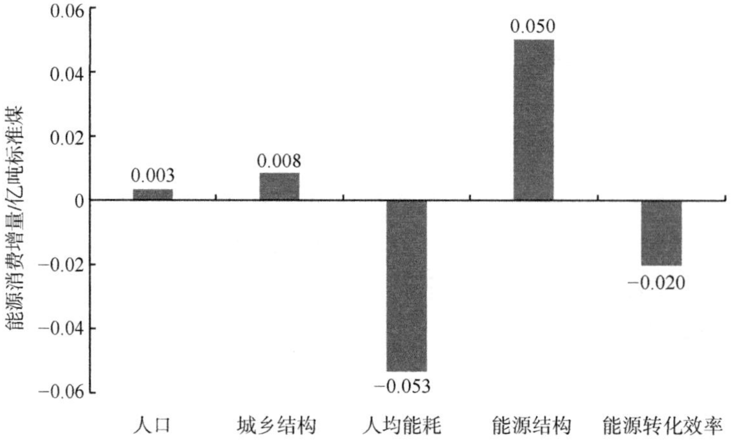

图 3-43 2011～2016 年内蒙古住宅部门能耗增长 LMDI 分解结果

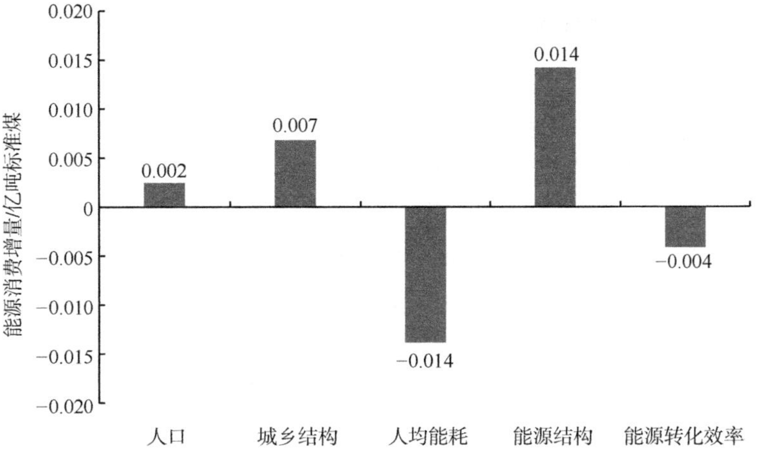

图 3-44　2011～2016 年陕西住宅部门能耗增长 LMDI 分解结果

3. 对能源富集地区能源系统的基本认识

能源富集地区有大量化石能源的调出，是重要的能源基地及天然气中转地区，有一定量的电力调出。其终端消费中煤炭占比较高。2011 年至 2016 年间能源富集地区经济部门能耗增长的主要驱动因素是经济的发展，其次是能源结构的调整，主要抑制因素是经济结构的调整。

七、西南

本书研究中西南地区包括四川、重庆、云南与贵州。2016 年，西南地区的地区生产总值约占全国主要区域的 11.7%，人口占全国主要区域的 17.1%，人均生产总值为 3.9 万元，低于主要区域平均水平 31.3%。基于一次能源量标准，西南地区能耗总量为 5.4 亿吨标准煤，能源强度高于主要区域平均水平 17.9%。

西南地区共享发展是我国长江经济带发展战略的重要组成。建设长江经济带是我国五大国家级区域发展战略之一，其目标是建成具有全球影响力的内河经济带、东中西互动合作的协调发展带、沿海沿江沿边全面推进的对内和对外开放带、生态文明建设的先行示范带，因此其核心是发达地区与欠发达地区的平衡及经济发展与生态保护的平衡。西南地区位于长江经济带的上游，不仅是发展的重点，同时还是整个长江经济带的重要生态屏障，其共享发展对于区域平衡发展和生态环境保护都具有重要的意义和价值，是长江经济带发展战略不可或缺的重要组成。

西南地区是国家西部大开发和维护边境稳定的重点区域，在区域发展总体战略中具有优先地位，是污染防治攻坚战的重点难点，西南地区共享发展理应成为全面建成小康社会的重要抓手。

1. 西南地区能源系统现状

能源供给方面，西南地区的能源主要依赖本地生产，四川与重庆是重要的天然气生产基地，贵州有一定量的煤炭调出。四川、贵州、云南都有大量的电力调出。能源转化方面，四川与云南的电力生产中非化石能源的占比较高。

能源终端消费方面，2016 年，西南地区基于一次能源量衡量标准下第三产业占终端能源消费比例较高。基于一次能源量衡量标准，四川终端能源消费结构中，煤炭占 27.6%、油品占 23.5%、燃气占 13.3%、电力占 31.2%；重庆终端能源消费结构中，煤炭占 29.2%、油品占 14.2%、燃气占 13.5%、电力占 33.7%；云南终端能源消费结构中，煤炭占 26.7%、油品占 23.3%、电力占 45.5%；贵州终端能源消费结构中，煤炭占 42.8%、油品占 13.1%、电力占 40.6%。

2. 西南地区能耗增长驱动因素

如图 3-45 所示，2011～2016 年，四川人均地区生产总值增长成为经济部门能耗增长的主要驱动因素。四川五年间人均地区生产总值增加了 42.0%，人均地区生产总值的提高造成了四川经济部门能耗的增长。2011～2016 年，四川经济部门能耗增长的主要抑制因素是能源强度的降低及经济结构的调整。五年间，四川第二产业、第三产业能源强度分别下降了 9.2%和 35.6%，由此带来了能源消费的减少；四川第二产业比重由 52.5%下降为 40.8%，第三产业比重由 33.4%上升为 47.2%，第二产业比重的下降使能耗总量大幅降低。

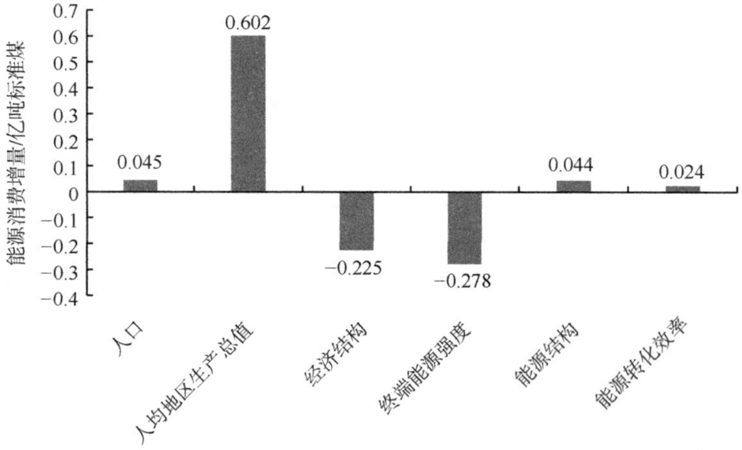

图 3-45　2011～2016 年四川经济部门能耗增长 LMDI 分解结果

如图 3-46 所示，2011～2016 年，重庆人均地区生产总值增长成为经济部门能耗增长的主要驱动因素。重庆五年间人均地区生产总值增加了 57.9%，人均（包括总量）地区生产总值的提高造成了重庆经济部门能耗的增长。2011～2016 年，重庆经济部门能耗增长的主要抑制因素是能源强度的降低，次要影响因素是经济结构的调整。第一产业、第二产业、第三产业能源强度分别下降了77.6%、35.1%和29.4%，由于第二产业能耗较高，因此第二产业能源强度下降带来的能耗总量减少表现尤为明显；重庆第二产业比重由55.4%下降为44.5%，第三产业比重由36.2%上升为48.1%，第二产业比重的下降使能耗总量大幅降低。

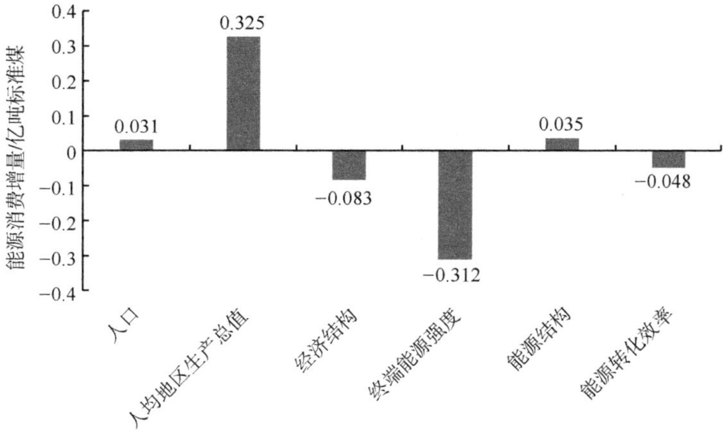

图3-46　2011～2016年重庆经济部门能耗增长LMDI分解结果

如图3-47所示，2011～2016年，云南人均地区生产总值增长成为经济部门能耗增长的主要驱动因素。云南五年间人均地区生产总值增加了50.2%，人均（包括总量）地区生产总值的提高造成了云南经济部门能耗的增长。2011～2016年，云南经济部门能耗增长的主要抑制因素是能源强度的降低。云南第一产业、第二产业、第三产业能源强度分别下降了24.9%、29.7%和25.7%，由于第二产业能耗较高，因此第二产业能源强度下降带来的能耗总量减少表现尤为明显。

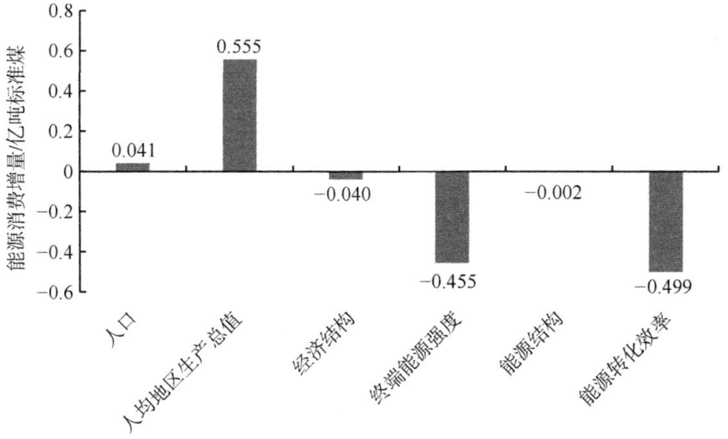

图3-47　2011～2016年云南经济部门能耗增长LMDI分解结果

如图 3-48 所示，2011～2016 年，贵州人均地区生产总值增长成为经济部门能耗增长的主要驱动因素。贵州五年间人均地区生产总值增加了 87.5%，人均（包括总量）地区生产总值的快速提高造成了贵州经济部门能耗的快速增长。2011～2016 年，贵州经济部门能耗增长的主要抑制因素是能源强度的降低。第一产业、第二产业能源强度分别下降了 22.0%和 55.7%，由于第二产业能耗较高，因此第二产业能源强度下降带来的能耗总量减少表现尤为明显。同时第三产业能源强度上升了 2.4%。

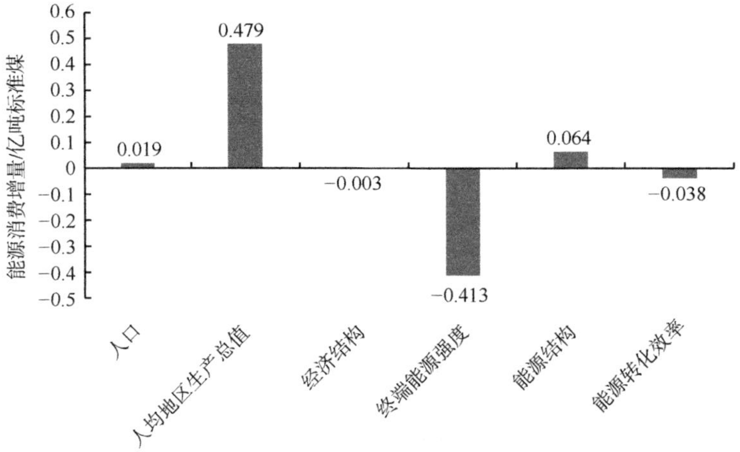

图 3-48　2011～2016 年贵州经济部门能耗增长 LMDI 分解结果

如图 3-49 至图 3-52 所示，西南地区住宅部门能源的增长主要是因为人均能耗的增长及能源结构的调整，能源转化效率提高对抑制能耗增长起到了一定的作用但十分有限（云南除外）。

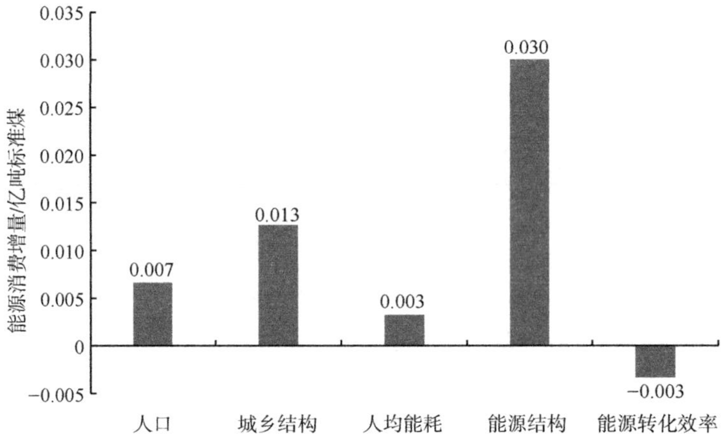

图 3-49　2011～2016 年四川住宅部门能耗增长 LMDI 分解结果

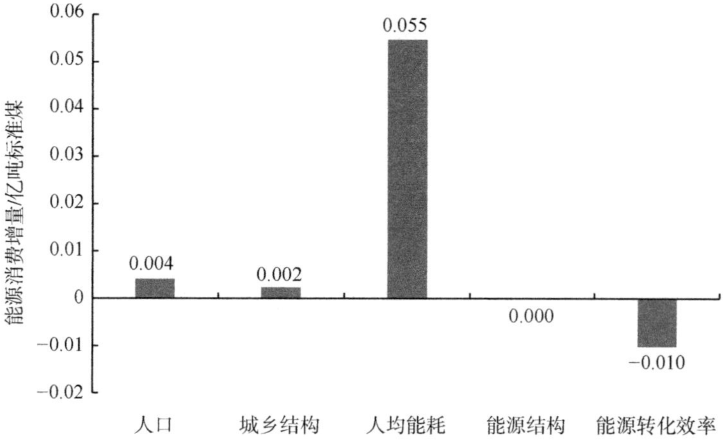

图 3-50　2011～2016 年重庆住宅部门能耗增长 LMDI 分解结果

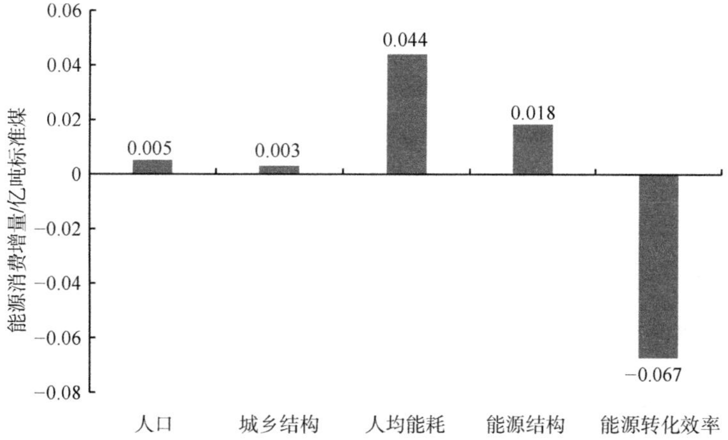

图 3-51　2011～2016 年云南住宅部门能耗增长 LMDI 分解结果

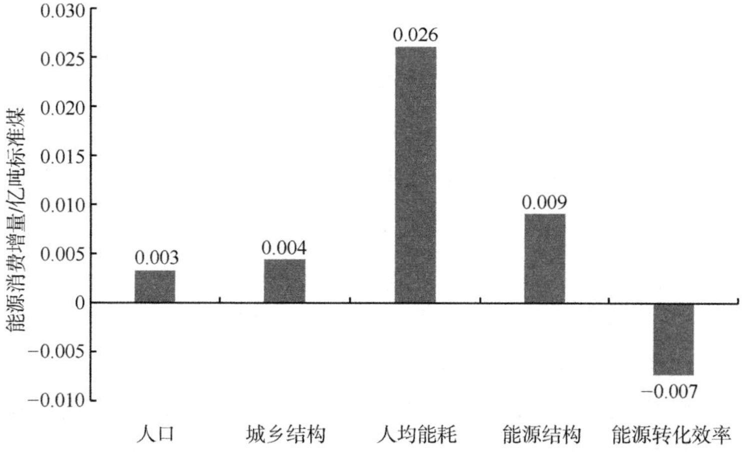

图 3-52　2011～2016 年贵州住宅部门能耗增长 LMDI 分解结果

3. 对西南地区能源系统的基本认识

西南地区可再生资源丰富，有大量电力的调出。2011 年至 2016 年间西南地区经济部门能耗增长的主要驱动因素是经济的发展，主要抑制因素是能源强度的降低。

第五节　推动区域能源革命的战略建议

区域能源革命的推动应坚持全国一盘棋的方针，统筹考虑，贯彻区域发展总体战略和主体功能区战略，差别化精准推进。

一、京津冀、长三角、珠三角地区着重消费革命，引领清洁低碳、安全高效的能源体系的建设

京津冀、长三角、珠三角地区应侧重消费侧的发展、着重加速经济结构调整，进一步优化终端消费能源结构，倒逼能源调入低碳化、清洁化及本地非化石能源的发展。率先构建能源机制体制改革示范，建立能源价格形成机制，实现资源优化配置。进一步加强能源技术研发，加速推进能源互联网关键技术的突破，推动相关示范项目的落地及推广。

二、中部与东北老工业基地着重通过工业结构升级，降低能源强度

中部与东北老工业基地应提升能源消纳质量。依法依规淘汰煤炭、钢铁、建材、石化、有色等行业环保、能耗、安全生产不达标和生产不合格落后产能，对新增产能实施更加严格的能效和排放标准，同时发展循环经济，促进能源消费清洁化。大力发展战略性新兴产业，推进新能源汽车、新材料、先进轨道交通装备、电力装备、航空、电子及信息产业等先进制造业发展，培育能耗排放低、质量效益好的新增长点。

三、能源富集、西南地区及山西着重能源生产革命，实现能源供应质量及区域发展双提高

能源富集、西南地区应优化化石能源开发利用，提高非化石能源输出的比例及质量；推进工业结构调整，依托能源优势进一步提升经济高质量发展。在化石能源开发过程中更加兼顾对生态环境的保护；进一步提升能源化工产业质量，构建世界一流能源化工示范区；加强多能协同及储能，提升非化石能源输出的稳定性；依托能源优势，承接发达地区优质产业，同时推动数据产业发展，实现能源

本地高质量利用。

四、加强各区域之间的协调发展

结合各区域资源禀赋、能源系统现状、经济社会发展现状及潜力、基础设施等，综合考虑能源安全、生态环境等因素，兼顾社会公平，统筹考虑，推进区域能源、经济社会、生态环境方面的跨地区协作。

参考文献

中华人民共和国国家统计局. 2017. 中国统计年鉴 2017. 北京：中国统计出版社.

中华人民共和国国家统计局. 2018. 中国统计年鉴 2018. 北京：中国统计出版社.

Ang B W. 2005. The LMDI approach to decomposition analysis：a practical guide. Energy Policy，33（7）：867-871.

Chong C，Liu P，Ma L W，et al. 2017. LMDI decomposition of energy consumption in Guangdong Province，China，based on an energy allocation diagram. Energy，133：525-544.

第四章　燃煤耦合生物质发电的案例分析

在未来我国能源系统发展中，煤电行业低碳化发展是必然方向。而在低碳发展道路上，仅仅靠提高发电效率远远不够，且之前作为煤电低碳化发展方向的碳捕捉与封存（carbon capture and storage，CCS）技术目前面临着技术、经济、资源等多方面的困局，我国亟须探索在提升发电效率和发展CCS之外新的解决方案。

燃煤耦合生物质发电技术（具体是指在传统煤电的基础上，以各种方式将煤炭与生物质混合，从而实现煤炭—生物质混合发电）相对其他火电低碳发展方向具有多项优势：①为煤电行业低碳转型提供了一条更可行的思路；②为生物质能源化利用找到一条规模化发展的道路。这种技术具备应对气候变化及促进多行业可持续发展的协同效益。

本章首先介绍了燃煤耦合生物质发电的技术分类及特点，进一步分析了国内外发展现状。随后运用电力部门长期优化发展模型，从宏观层面对燃煤耦合生物质发电的发展进行了分区域的情景分析，探讨了区域潜力及资源约束。最后提出我国发展燃煤耦合生物质发电的技术的相关建议。

第一节　技术分类及特点

一、技术分类

生物质可以直接与煤混合加入锅炉中燃烧，也可以与煤分别加入锅炉提供热量。Hansson等（2009）在文献中提出，根据生物质燃料预处理方式、混合方式、混合比例、混合设备等因素的不同，主要的耦合技术可以分为三类：直接混合燃烧、间接混合燃烧、并联混合燃烧。

1. 直接混合燃烧

直接混合燃烧目前是最简单、最常见且最廉价的耦合方式，通常是在煤粉炉中实现混合。直接混合燃烧是指将生物质直接混合进炉膛中，实现与煤的混合，而根据生物质的预处理过程不同，直接混合燃烧还可以分为同磨同燃烧器混合、异磨同燃烧器混合与异磨异燃烧器混合。以下对这三种技术做出介绍。

（1）同磨同燃烧器混合：生物质没有单独的预处理过程，而是与煤炭一起，在磨煤机中共同处理，然后再送进锅炉的进料系统，其技术流程图如图 4-1 所示。该技术对燃煤机组的改造主要是增加一套全新的生物质供给、输送和储存系统。

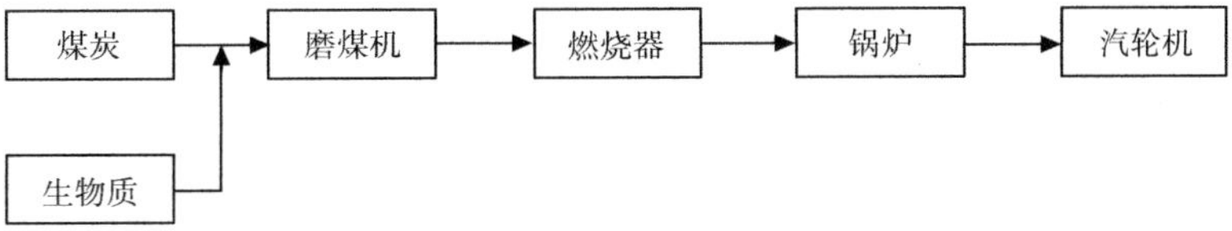

图 4-1 同磨同燃烧器混合技术流程图

（2）异磨同燃烧器混合：生物质与煤炭拥有单独的预处理过程和设备，分别磨碎之后在进料系统中实现混合送进锅炉，其技术流程图如图 4-2 所示。该技术对燃煤机组的改造除了要增加全新的生物质供给、输送和储存系统之外，还需要增加专门用于研磨生物质的研磨系统。

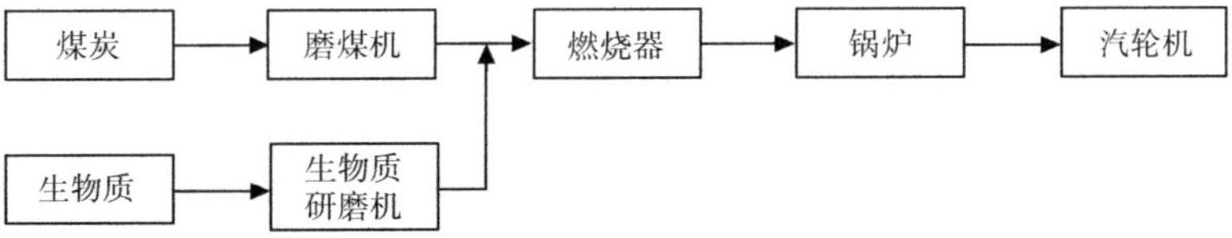

图 4-2 异磨同燃烧器混合技术流程图

（3）异磨异燃烧器混合：生物质既拥有单独的预处理过程和设备，还拥有特殊设计的生物质燃烧器。生物质在经过生物质燃烧器后与煤炭在锅炉中混合实现燃烧，其技术流程图如图 4-3 所示。该技术对燃煤机组的改造除了以上所提到的各项之外，还需要增加适合生物质燃烧的燃烧器、点火系统等，并改造原煤粉炉的上风系统以达到低氮氧化物排放和锅炉效率要求。

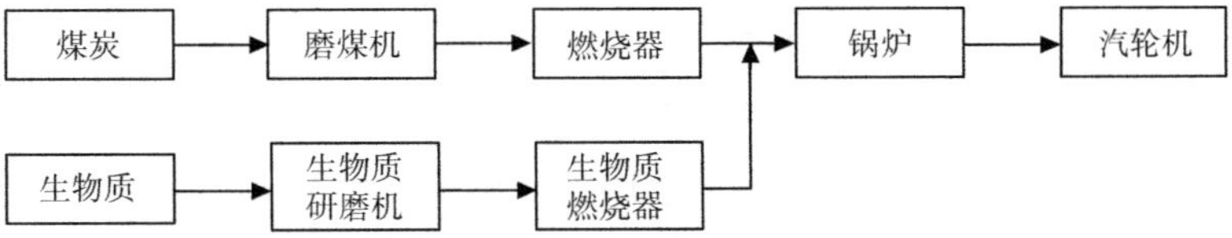

图 4-3 异磨异燃烧器混合技术流程图

直接混合燃烧简单易实现，并且有着较低的成本，但一般只能实现较为局限的混合比例。直接混合燃烧在技术方面的挑战在于锅炉的结垢问题，直接混合燃烧会给锅炉带来更多譬如炉内结渣、腐蚀等设备损耗问题，甚至会影响锅炉的传热系统，因此改造除渣系统也是必要的。此外，对于直接混合燃烧技术而言，生物质混合量的计量与监管难度较大，这会对监管部门造成较大的困难。

2. 间接混合燃烧

间接混合燃烧允许生物质在同一燃烧器中与煤炭实现混合。这种混合方式有两种具体的混合技术，基于气化的混合和基于热解的混合。

在基于气化的混合技术中，生物质在前期被送进气化设备而产出富含一氧化碳、二氧化碳、甲烷、氢气和一些烃类的混合气，随后这些混合气喷入锅炉中与煤炭混合燃烧，从而实现混合。其技术流程与如图 4-4 所示，该技术除了要增加生物质收集、输送和储存系统外，还需要对原机组增加一套生物质气化炉设备。基于热解的混合是指生物质在经历一个蒸馏过程后会形成生物质液体燃料，这些液体燃料再与基础燃料（如天然气）混合，从而燃烧产生热量，但这种混合技术目前没有任何商业化运用的记录，还处于开发阶段。

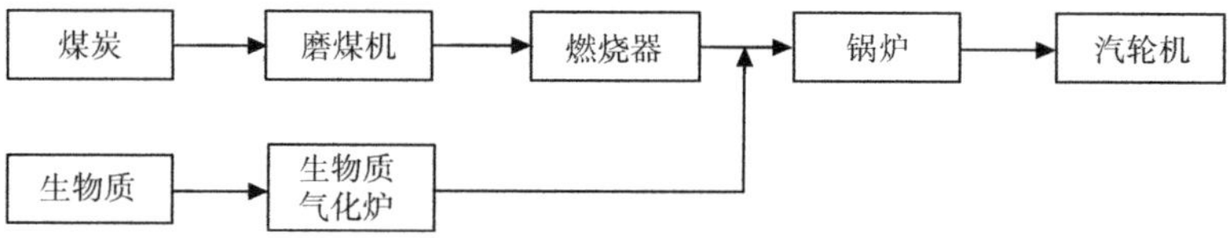

图 4-4　生物质气化耦合技术流程图

目前众多的应用经验表明，对于间接混合燃烧而言最适合的气化设备是流化床气化装置（无论是鼓泡流化床还是循环流化床）。这种混合技术的主要优势在于它不仅不会对原本的锅炉产生如结渣、腐蚀等影响，还可以实现较为灵活的混合比例，此外，这种技术的生物质用量监管和计量相对简单，在监管层面易于实施。但此技术由于技术复杂，因此前期需要较高的设备投资，改造成本较高。

3. 并联混合燃烧

并联混合燃烧实际上是在蒸汽侧实现生物质与煤炭的混合，即生物质在专门的生物质锅炉中燃烧，此锅炉与燃煤锅炉有相同的蒸汽参数，再将生物质锅炉与燃煤锅炉产生的蒸汽在蒸汽管网系统中实现混合。此种方式是最间接的混合方式，可以实现较高的混合比例，但该技术需要一整套单独的生物质处理、燃烧系统，包括生物质研磨机、生物质燃烧器、生物质锅炉等，并且需要生物质锅炉系统与燃煤锅炉系统在技术层面完全匹配，其技术流程图如图 4-5 所示。

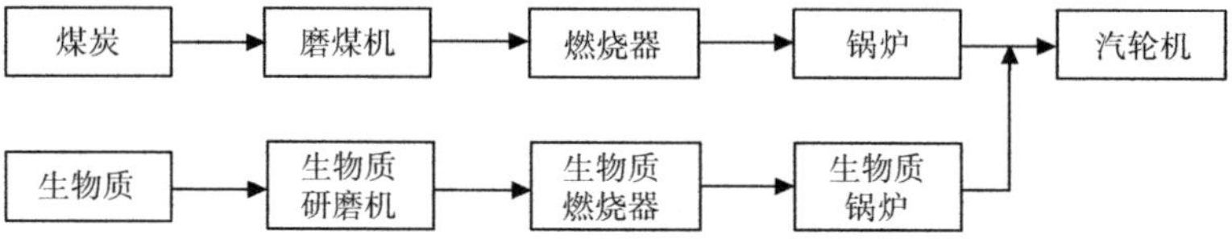

图 4-5　并联混合燃烧技术流程图

二、技术特点

目前，国内外对于燃煤耦合生物质发电的技术研究主要聚焦在混合后的燃烧特性、混合燃烧后的排放等方面。有学者通过实验证明了在煤炭中加入生物质有利于提高燃料的燃烧特性。例如，Gani 等（2005）将低品位的煤与生物质在下降管式炉中共同燃烧，结果发现生物质的加入增强了低品位煤的点火特性，使得燃烧火焰温度更高。Kruczek 等（2006）利用木屑与不同种类的煤混合燃烧，结果发现煤炭的燃尽率会随着木屑的不断加入而增加，且相比于无烟煤，褐煤的这一效应更加明显。有学者的研究表明低比例的混烧无需对目前的锅炉做出太多改造。例如，Sahu 等（2014）的研究表明：在实验中，燃煤锅炉可以在不改造进料系统的前提下实现生物质占比 20%（能量占比）的燃烧，而经过改造的锅炉也顺利实现了生物质占比 50%的高比例混烧。Xue 等（2018）在对某 300 兆瓦燃煤发电机组的实验中发现，在混烧比例低于 16%时，无需改变目前的锅炉进料系统。

大量研究表明生物质与煤混合燃烧可以显著降低氮氧化物的排放，但二氧化硫是否减排却要视燃料类别而定。例如 Wang 等（2011）在秸秆与无烟煤的混烧实验中发现，随着生物质的加入，氮氧化物的排放会显著降低，但二氧化硫的减排却并不明显。Badour 等（2012）在实验中同样发现，生物质与煤炭混合燃烧可以显著降低氮氧化物的排放，但二氧化硫是否减排却与实验所用的具体燃料有关。Skodras 等（2002）将褐煤与天然木材混合燃烧，结果也发现木材的加入显著降低了燃烧过程中二氧化硫和氮氧化物的排放。此外，有学者也提出生物质与煤混合燃烧可以降低碳排放。因为混烧有利于解决生物质填埋造成的气候影响，有利于减少生物质填埋过程中释放的甲烷，研究证明单位物质的量的甲烷在对全球变暖的影响方面是二氧化碳的 21 倍。也有学者经过计算得出，若不计生物质的上游寿命排放，仅在燃烧方面，若在 2035 年所有火电站都可以实现 10%的生物质混烧，则每年全球可减少二氧化碳排放 0.45 亿～4.5 亿吨。而 Sahu 等（2014）在研究中提出，生物质利用最大的环境优势在于其全生命周期的碳排放中性。因此，为了准确估算生物质混烧带来的环境影响，应当在全生命周期内计算其碳排放，这样才可以充分比较生物质混烧相比于煤炭的优势。

以上研究表明，生物质的加入可以在一定程度上改善煤炭的燃烧特性，降低氮氧化物排放，并且有益于减少碳排放。

第二节 国内外发展现状

一、国际发展现状

国际上对于燃煤耦合生物质发电技术的研究起步较早，欧美许多国家早在十多年前便已经实现该技术的商业化运用，目前全球燃煤耦合生物质发电技术 2/3 的装机位于欧洲。下文将主要介绍欧美地区对该技术研究和应用的现状。

根据 Roni 等（2017）的综述，表 4-1 归纳了截至 2016 年部分国家对燃煤耦合生物质发电技术的运用现状。

表 4-1　截至 2016 年部分国家对燃煤耦合生物质发电技术的运用现状

国家	混烧电站数量/个	混烧方式	混烧比例	碳减排目标
荷兰	10	直接、间接	5%～34%	2030 年相比 1990 年碳减排 30%
丹麦	7	直接、间接	5%～100%	2020 年相比 2005 年碳减排 20%
英国	14	直接	3%	2030 年相比 1990 年碳减排 30%
日本	9	直接	3%	2020 年相比 1990 年碳减排 3.8%
巴西			30%	2030 年碳减排 43%
美国	86	直接	5%	2020 年相比 2005 年碳减排 17%
德国	31	直接	5%～20%	2020 年相比 1990 年碳减排 80%～95%

1. 英国

英国是全球较早研究与运用耦合技术的国家之一。英国自 2002 年开始对耦合生物质发电技术进行商业化应用，当年英国耦合生物质发电量为 286 吉瓦时，只占到当年英国可再生能源发电量的 2.57%，到了 2005 年，英国运用燃煤耦合生物质发电技术产生的发电量占到了所有可再生能源发电量的 14.95%。随后的几年，英国燃煤耦合生物质发电技术的应用规模不断扩大，到了 2011 年，该技术发电量达到了 2964 吉瓦时①。但由于其他可再生能源技术的发展，燃煤耦合生物质发电技术只占可再生能源发电量的 6.45%。英国大多数燃煤电站以同磨同燃烧器混合技术作为混烧改造的开始来积累经验，在技术成熟后，大多数电站会单独设立直接喷射系统，实现生物质气化耦合燃烧。

2. 荷兰

燃煤耦合生物质发电技术在荷兰被视为一种十分重要的可以满足可再生能源利用目标的发电方式，因为荷兰的电力生产中大约 30%来自煤电。在荷兰，最主流的混烧方式是直接混合燃烧，尤其是用木屑颗粒与煤炭完成直接混合燃烧。值得一提的是，荷兰大多数用来混烧的生物质是进口而来的，国内生产的生物质只占到 22%～30%。

---

① Digest of United Kingdom Energy Statistics 2014，https://assets.publishing.service.gov.uk/government/uploads/system/uploads/attachment_data/file/338768/DUKES_2014_internet_content.pdf[2021-03-26].

3. 德国

在目前欧洲存在的 100 多座燃煤耦合生物质发电站中，有 30 余座位于德国，这些混烧发电站最主要的燃料是城市污水污泥。目前影响德国混烧电站进一步发展的主要因素是德国国内生物质燃料的低可得性和高昂的价格。德国能源署最新的研究报告指出，德国的燃煤电站目前可以在不进行重大改造的前提下实现 50% 比例的木屑颗粒混烧，但碍于其国内高昂的生物质燃料价格，因此若德国要进一步推广该技术，则必须考虑从国际市场购买生物质原料①。

4. 丹麦

丹麦在可再生能源发展中表现得十分积极。根据丹麦能源署的规划，丹麦将于 2050 年实现 100%可再生能源供给。丹麦共计有 7 个燃煤耦合生物质电站，由于秸秆在丹麦国内市场的可得性，秸秆是这些混烧电站最主要的生物质燃料。然而，丹麦严重依赖从国外进口木屑颗粒燃料，每年从国外进口的木屑燃料占到国内总需求的 90%，主要进口国包括加拿大、俄罗斯、波兰等。

5. 美国

根据美国能源信息管理局的数据，煤电是美国电力的主要生产来源，煤电发电量约占全国发电量的 39%。截至 2012 年，在美国全部 560 座燃煤电站中，有超过 80 座电站使用了燃煤耦合生物质发电技术，这些电站的生物质燃料主要是木屑燃料。

6. 巴西

煤电是巴西电力市场的主要来源，而且巴西也是世界上农业剩余物最富足的国家之一。然而燃煤耦合生物质发电技术的运用在巴西却进展缓慢，主要的障碍在于巴西的燃煤电站所在位置距离农业生产区普遍较远，因此无法满足稳定的生物质供应。

二、国内发展现状

1. 我国燃煤耦合生物质发电仍处于起步阶段

虽然燃煤耦合生物质发电在国外发展较为成熟，但该技术在国内的研究与运用开始都较晚，目前仍然处于起步阶段。在前文所述三种技术中，直接混合燃烧发电技术在国内运用并不顺利，运用该技术的国电宝鸡第二发电有限责任公司 30

① Pellet co-firing in Germany，https://www.erneuerbareenergien.de/archiv/pellet-co-firing-in-germany-150-482-32189.html[2019-03-12].

万千瓦机组生物质混烧项目中掺烧生物质的系统早已停运，华东国际电力股份有限公司十里泉发电厂虽然同样采用直接混合燃烧，但混合比例十分有限。并联混合燃烧发电技术目前在国内还没有运用的先例，而三种技术中唯一成功的是间接混合燃烧发电。运用该技术的机组为中国国电集团公司荆门热电厂 640 兆瓦发电机组，该机组主要运用气化装置对稻壳等生物质燃料气化，再与燃煤混合发电，该项目目前按照生物质电价进行补贴，该电厂每年都可实现盈利。为鼓励燃煤耦合生物质发电技术的发展，国家能源局、生态环境部于 2018 年联合发布《关于燃煤耦合生物质发电技改试点项目建设的通知》，批准了 84 个燃煤耦合生物质发电技改试点项目，在这 84 个项目中，超半数是生物质气化耦合发电项目。虽然其中耦合比例最高的大型发电项目耦合比例可达 10%，但其平均耦合比例仅为 3.19%，充分说明国内的燃煤耦合生物质发电技术仍然处于起步试点阶段，目前仍然需要借鉴国外的先进成功经验。

2. 监管困难及高燃料成本是制约我国燃煤耦合生物质发电发展的主要障碍

燃煤耦合生物质发电在国内发展缓慢一方面是因为监管难度大，掺烧生物质发电量无法准确监测，影响相关行业的可再生能源发电补贴政策的制定与推广；另一方面是在当前政策情境下其技术经济性相对于纯燃煤发电不具备明显的优势。生物质原料分布相对分散、生产具有明显周期性、收储运各个环节都处于比较初级的阶段、没有成熟的商业模式等因素造成生物质原料的价格偏高，提高了燃煤耦合生物质发电成本。

第三节　未来发展的区域情景

为探寻未来区域发展路径，分析各区域发展潜力及资源约束，对燃煤耦合生物质发电进行宏观分析是十分必要的。本书研究结合发电部门发展情况，运用电力部门长期优化发展模型，从宏观层面对燃煤耦合生物质发电的发展进行了分区域的情景分析。

一、研究方法及数据输入

1. 发电部门长期优化发展模型

发电部门长期优化发展模型全称为考虑多区域及分时调峰的发电部门长期优化发展模型。该模型以不同发电技术的技术、经济性能数据，分地区、分时段电力需求等为输入，以 2016～2050 年发电部门累计总经济成本为目标函数，加入能源资源约束、政策约束、电力需求供给平衡、碳排放限制等约束条件，最终通过计算累计最小化成本而得到2016～2050年发电装机结构、发电量结构、燃料消耗量和碳排放量等与发电部门未来发展相关的各项结果，模型框架如图4-6所示。

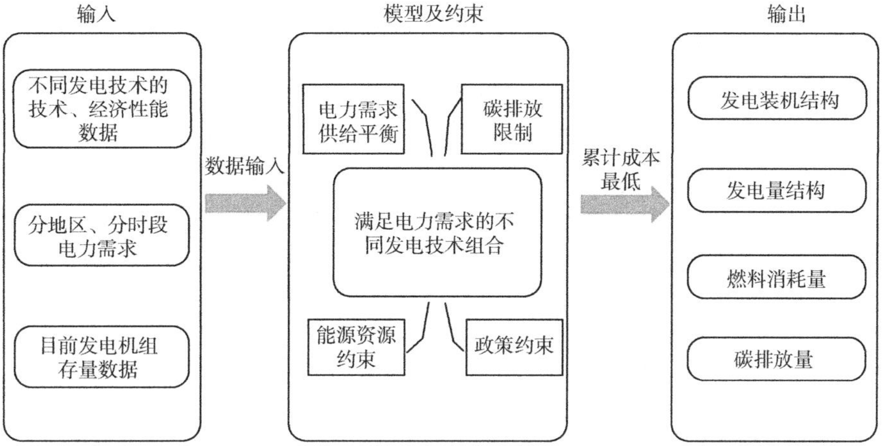

图4-6 发电部门长期优化发展模型框架

发电部门长期优化发展模型与我国发电部门的发展现状十分贴合：模型基于历史电力需求数据模拟预测了到2050年中国社会对电力的需求，从需求出发规划发电部门发展；模型考虑了我国发电部门发展的区域性特征；模型考虑了电力需求与供给的时间不稳定性；模型考虑了碳排放约束。

发电部门长期优化发展模型采用通用代数建模系统（general algebraic modeling system，GAMS）建模，并使用线性规划（linear programming，LP）进行求解。

2. 数据输入

发电部门长期优化发展模型的输入是不同发电技术的技术、经济性能数据，分地区、分时段电力需求、目前发电机组存量数据。

分地区、分时段电力需求、目前发电机组存量数据两个输入量沿用了郭政（2018）博士论文中的数据，而在不同发电技术的技术、经济性能数据中，与燃煤耦合生物质技术无关的经济、技术数据沿用了郭政（2018）数据。

本书研究中发电技术共计包括九种，这些发电技术被分成了三种类型。

第一种技术类型是一旦建成便会被一直运行直到其达到退役年限。这类技术主要是天然气联合循环、核电、水电、风电、光电，这些技术大多都是目前发展势头较好的可再生能源发电技术。

第二种技术类型便是普通的燃煤电站。由于目前燃煤电站的高碳排放，因此这类电站未来将面临三种发展可能：第一种是达到了自然寿命而自然退役；第二种是还未达到自然寿命而被提前退役；第三种就是还未达到自然寿命但又被进行了燃煤耦合生物质技术改造，最后自然退役。燃煤电站主要技术是超临界燃煤发电技术和超超临界燃煤发电技术。

第三种技术类型是新建的燃煤耦合生物质发电站。由于在新建时便已经实现了低碳排放改造，因此这些电站将在达到寿命后自然退役。这类电站主要是超临界燃煤耦合生物质发电站和超超临界燃煤耦合生物质发电站。

由于目前我国进入试点的耦合技术是生物质气化耦合技术，因此本模型中所指的生物质耦合技术均为生物质气化耦合技术。

2016 年生物质耦合技术单位改造成本数据如表 4-2 所示，考虑到技术进步的影响，单位改造成本以每年 2%的速率下降。其中单位改造成本是指单位发电装机容量所需要的造价。

表 4-2　不同比例生物质耦合技术单位改造成本（2016 年）

耦合比例	单位改造成本/（元/千瓦）
10%	619.5
20%	1238.9
30%	1858.4
40%	2477.8
50%	3097.3

生物质价格数据参考齐天宇等（2011）的研究，该研究给出了各省区市生物质到厂价格。但由于研究距目前时间较久，考虑到物价上涨和未来对生物质资源的需求上升等因素，本书研究以该生物质到厂价格的 1.5 倍作为最终各地区生物质到厂价格。

原模型中的约束包括：时段内某区域电力需求与电力供给之间的平衡、各类发电技术负荷率、煤炭资源限制、天然气资源限制、可再生能源建设政策限制等。在本书研究运用该模型时，还加入了两个重要的相关约束，即碳排放约束和生物质资源区域约束。

（1）碳排放约束：由于我国需要在 2030 年左右实现碳排放达峰，因此本书对发电部门的碳排放水平做出了限制。设置发电部门碳排放约束的基本思路是，发电部门的碳排放达峰速度与全国碳排放达峰速度保持一致，即发电部门在 2030 年也实现碳排放达峰，本书假定发电部门碳排放峰值水平为 40 亿吨二氧化碳当量（40 亿吨二氧化碳当量为本模型计算的发电装机在无碳约束时于 2030 年的碳排放总量）。此外，在 2030 年实现碳排放达峰后，碳排放会出现下降的趋势，本书设定在 2050 年发电部门的碳排放水平下降至 2016 年的排放水平。

（2）生物质资源区域约束：对于生物质发电而言，限制其发展的一个重要因素是生物质资源的区域供给性。这是因为生物质作为能源时其单位热值较低，单位重量体积较大，导致其运输时不如其他能源方便，因此生物质只能短距离运输。本书研究考虑到了生物质资源的这一特性，因此增加了生物质资源的区域约束，即区域内的生物质资源只能由区域内供给，这在一定程度上模拟了现实情况下生物质资源无法长途运输的情况。本书研究按照模型中划分的 17 个区域，计算出了这 17 个区域的生物质资源年供应量，由此作为约束。本模型中的生物质资源主要是指秸秆资源，主要包括玉米秸秆、稻谷秸秆、小麦秸秆。不同的农作物具有不同的谷草比，本书参考毕于运等（2009）研究所得的谷草比数据，根据中国统计局统计的 2014 年全国各省区市农作物产量数据，计算了模型中 17 个区域的秸秆资源总量，计算结果如表 4-3 所示。

表 4-3　全国 17 个区域年秸秆资源量

地区	秸秆资源/万吨	地区	秸秆资源/万吨
内蒙古	3 400.4	西北三省（青海、甘肃、陕西）	2 534.6
新疆	1 725.3	河南	6 791.9
宁夏	441.9	湖南和江西	5 756.8
山西	1 646.0	华东（上海、江苏、浙江、安徽、福建）	9 202.2
川渝（四川和重庆）	4 331.4	云南	1 949.1
湖北	2 913.1	贵州	994.4
东三省（黑龙江、吉林、辽宁）	14 412.6	广西	1 750.8
京津冀（北京、天津、河北）	4 370.5	广东	1 389.0
山东	5 491.4		

二、各区域潜力分析

考虑到目前国外耦合发电的耦合比例大多数都位于 20%以下，因此本节以 20%的耦合比例为代表分析未来各地区装机结构。

研究结果显示，由于经济性及碳约束的限制，各地区从 2030 年左右开始新建或改造燃煤耦合生物质发电机组，而在 2050 年达到比较稳定的阶段，因此本节将分析 2050 年的情景。

图 4-7 为 2050 年各地区 20%生物质耦合比例的燃煤耦合生物质发电装机情况。由计算结果分析，除了作为整体的华东五省（上海、浙江、江苏、安徽、福建）的装机容量较高外，河南、山东、内蒙古三地区的燃煤耦合生物质发电装机容量也较高，河南达到 118.6 吉瓦，山东达到 94.0 吉瓦，内蒙古达到 80.8 吉瓦，

燃煤耦合生物质发电在这些地区具备较大的发展潜力。而作为整体出现的东三省虽然拥有十分丰富的生物质资源，但并没有发展大量的燃煤耦合生物质发电装机，根据结果分析可知，东三省的风能和太阳能得到了很好的发展。西北三省、云南、宁夏等地区对生物质耦合发电的需求量最小。

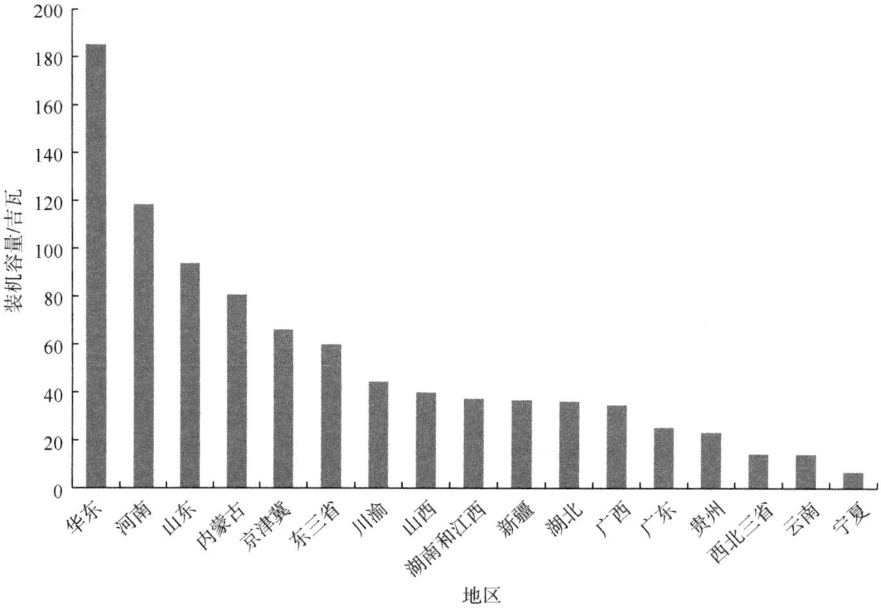

图 4-7　2050 年 20%耦合比例情景下全国各地区燃煤耦合生物质发电装机情况

图 4-8 为 20%耦合比例情景下燃煤耦合生物质发电装机在各地区发电装机占比。该比例反映的是各地区发电部门对于燃煤耦合生物质发电的依赖程度，其中可以看出，河南对该技术的依赖程度最高，装机所占比例达到了 83.81%，其次是山东，装机所占比例为 67.93%，山西与广西对燃煤耦合生物质发电依赖程度也较高，装机占比超过 40%。出现这种现象很大程度是因为这些地区本身没有太多可再生能源资源，因此在较强的碳排放约束下只能选择成本较高但可以减少碳排放的燃煤耦合生物质发电。相反地，西部地区对燃煤耦合生物质发电的依赖程度最低，占比最小的三个地区分别为宁夏、云南和西北三省，都位于西部。出现这种现象可能是由于西部地区拥有十分丰富的可再生能源资源，如风能、太阳能等，因此会尽快淘汰煤电产能。

为了分析各地区未来燃煤耦合生物质发电的新建潜力，本书研究分析了各地区截至 2050 年预计新建的燃煤耦合生物质发电装机。如图 4-9 所示，与总装机容量不同，新建装机容量为总装机容量排除由传统燃煤电站改造而成的生物质耦合电站容量后得到的装机容量。可以看出，在新建装机分析中，本来总装机容量较大的内蒙古、京津冀、山西等地区的新机装机容量为 0。这就说明这些地区的燃煤耦合生物质电站全部由传统燃煤电站改装而成，而原本总装机排名不靠前的湖南和江西、贵州地区在此排名中升到了前列，说明这两个地区虽然总装机容量不高，但其新建燃煤耦合生物质电站的潜力却比较大。

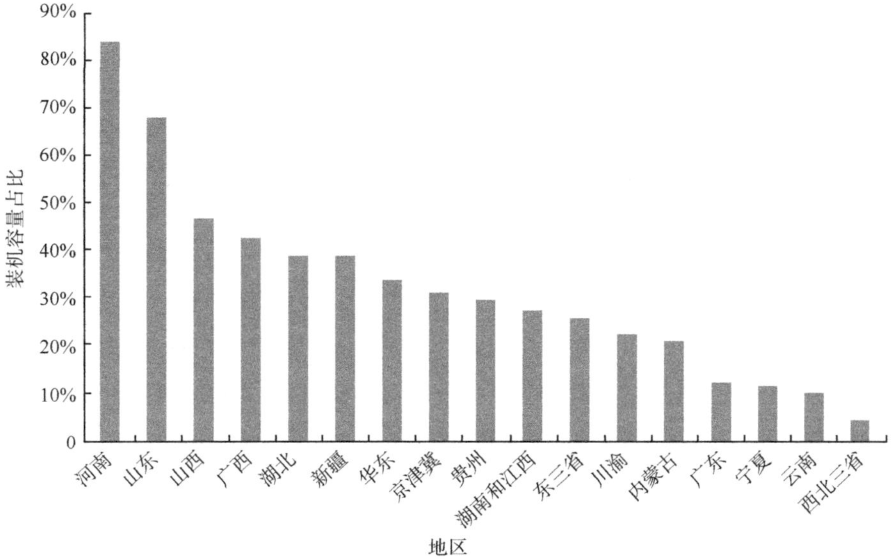

图 4-8　20%耦合比例情景下燃煤耦合生物质发电装机在各地区发电装机占比

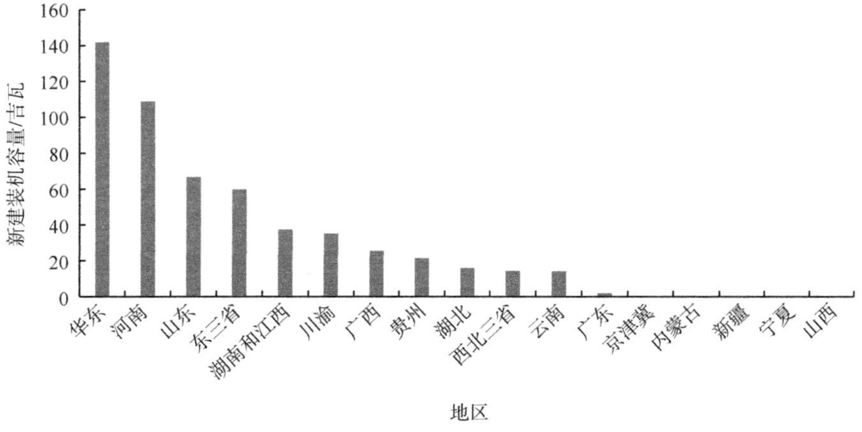

图 4-9　20%耦合比例情景下各地区新建燃煤耦合生物质发电装机情况

一座燃煤耦合生物质电站的新建涉及规划、审批、选址、建造等多个重要环节，因此对于此次分析中新建装机规模较大的几个地区，需要提前进行此方面的规划与研究，在未来能源规划中考虑燃煤耦合生物质发电的重要地位。而对于京津冀、内蒙古等改造装机占到重要地位的地区而言，也要对已有电站进行充分调研和规划，确定改造时间、改造细节等，从而确保以最经济的方式完成传统煤电的低碳化改造。

三、各区域资源约束

制约生物质能发展的重要因素之一便是其供给。生物质由于单位热量低且预处理困难，因此很难进行长距离运输。本书为了体现生物质资源的该性质对燃煤耦合生物质发电产生的影响，特在发电部门发展模型中加入了生物质资源地区约束，设定本地区的生物质只能供给本地区生物质利用而无法进行跨地区运输。

在加入了此约束后，本书分析了各地区 2050 年对于生物质资源（主要为秸秆资源）的使用量。整体而言，预计 2050 年全国燃煤耦合生物质发电机组共需要秸秆资源 4.63 亿吨，而全国秸秆资源年产量为 6.91 亿吨，即在 20%耦合比例的情景下，2050 年全国燃煤耦合生物质发电机组将消耗全国超过 67%的秸秆资源。

各地区燃煤耦合生物质发电机组对秸秆资源使用量与秸秆资源余量对比如图 4-10 所示。从地区秸秆资源使用量来看，如果秸秆资源全部用来供给燃煤耦合生物质发电，超过一半的地区（9/17）将在 2050 年出现秸秆资源供不应求的情况，即生物质气化耦合发电将消耗掉地区全部秸秆资源，而且这 9 个地区的生物质资源使用量在 2050 年之前 3～5 年就已经达到了各自地区的生物质资源总量约束。之后由于总量约束，这些地区的燃煤耦合生物质发电装机一直都无法得到发展，典型的地区如山东、山西、宁夏，在 2045 年便已经达到了生物质资源量约束，这充分说明秸秆资源量的限制制约了这些地区生物质气化耦合发电产业的发展。

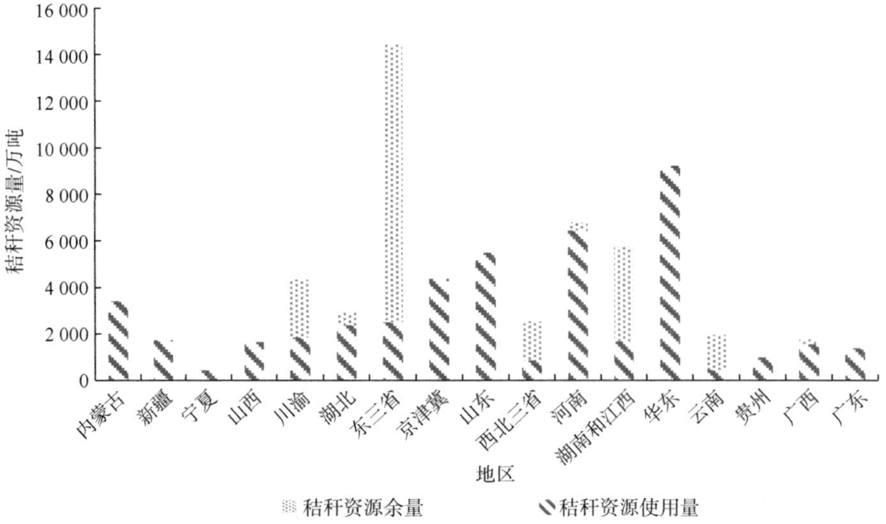

图 4-10　2050 年各地区燃煤耦合生物质发电对秸秆资源的使用量与余量对比

同样，也存在8个地区，这些地区在2050年秸秆资源还有余量。其中，川渝、东三省、西北三省、云南地区的生物质资源余量相对资源总量占本地区比重较高，而东三省及湖南和江西两个地区生物质资源余量十分大，尤其是东三省地区，作为全国秸秆资源最丰富的地区，燃煤耦合生物质电站消耗的秸秆资源还不足该地区秸秆资源总量的18%。在这些地区，燃煤耦合生物质发电无法更大规模发展的重要原因在于经济性制约。这些地区本来就有较为丰富的可再生能源资源，且经济性要相对优于燃煤耦合生物质发电。因此，降低燃煤耦合生物质发电技术的经济成本，对于该技术在这些地区发展具有重要意义。

第四节 区域发展建议

燃煤耦合生物质发电是煤电低碳发展及生物质大规模利用的重要出路之一，具有较大的发展潜力。该技术的发展将有效弥补东部及中部风、光资源有限的约束，同时成熟的生物质贸易体系将有助于实现低碳能源更高效的跨区域调配及存储。作为“平稳切换、多能协同、智慧管控、区域分工”这一战略思想典型案例，燃煤耦合生物质发电当前在我国仍处于初步发展阶段，需要加大探索及推广的力度。

一、根据区域资源量探索发展路径

我国应先以低比例的直接耦合发电技术为主开展小规模试点，并通过创新生物质资源仓储、运输技术等方法降低生物质燃料的价格。随后充分考虑各区域生物质资源量，结合本区域燃煤发电现有及未来装机容量，逐步提升掺混比例，并扩大应用范围。

二、区域间、国内外生物质燃料贸易体系

我国应加速推进区域间、国内外生物质燃料贸易体系的构建，提高生物质燃料工业化程度。通过成熟的贸易体系，加速生物质资源的跨区域调配，降低成本，优化生物资源资源分配，突破本地生物质资源量对燃煤耦合生物质发电发展的约束。

燃煤耦合生物质发电的发展离不开生物质经济的整体发展，本书在附录“生物质经济发展技术路线图的案例分析”中对生物质经济的发展进行了深入的研究。

参 考 文 献

毕于运，高春雨，王亚静，等. 2009. 中国秸秆资源数量估算. 农业工程学报，25：211-217.

郭政. 2018. 基于电网结构的发电部门建模及发展路线优化研究. 北京：清华大学.

毛健雄. 2017. 燃煤耦合生物质发电. 分布式能源，2（5）：47-54.

齐天宇，张希良，欧训民，等. 2011. 我国生物质直燃发电区域成本及发展潜力分析. 可再生能源，29：115-118，124.

中华人民共和国国家统计局. 中国统计年鉴 2015. 北京：中国统计出版社.

Badour C，Gilbert A，Xu C，et al. 2012. Combustion and air emissions from co-firing a wood biomass，a Canadian peat and a Canadian lignite coal in a bubbling fluidised bed combustor. The Canadian Journal of Chemical Engineering，90（5）：1170-1177.

Gani A，Morishita K，Nishikawa K，et al. 2005. Characteristics of co-combustion of low-rank coal with biomass. Energy & Fuels，19（4）：1652-1659.

Hansson J，Berndes G，Johnsson F，et al. 2009. Co-firing biomass with coal for electricity generation—an assessment of the potential in EU27. Energy Policy，37（4）：1444-1455.

Junginger M，de Wit M，Faaij A. 2006. IEA bioenergy task 40 country report for the Netherlands-update 2006.

Kruczek H，Raczea P，Tatarek A. 2006. The effect of biomass on pollutant emission and burnout in co-combustion with coal. Combustion Science & Technology，178（8）：1511-1539.

Meij R，Winkel H T. 2006. Mercury emissions from coal-fired power stations：the current state of the art in the Netherlands. Science of the Total Environment，368（1）：393-396.

Roni M S，Chowdhury S，Mamun S，et al. 2017. Biomass co-firing technology with policies，challenges，and opportunities：a global review. Renewable and Sustainable Energy Reviews，78：1089-1101.

Sahu S G，Chakraborty N，Sarkar P. 2014. Coal-biomass co-combustion：an overview. Renewable & Sustainable Energy Reviews，39（6）：575-586.

Saidur R，Abdelaziz E A，Demirbas A，et al. 2011. A review on biomass as a fuel for boilers. Renewable & Sustainable Energy Reviews，15（5）：2262-2289.

Skodras G，Grammelis P，Samaras P，et al. 2002. Emissions monitoring during coal waste wood co-combustion in an industrial steam boiler. Fuel，81（5）：547-554.

Wang X B，Tan H Z，Niu Y Q，et al. 2011. Experimental investigation on biomass co-firing in a 300MW pulverized coal-fired utility furnace in China. Proceedings of the Combustion Institute，33（2）：2725-2733.

Xue J J，Chellappa T，Ceylan S，et al. 2018. Enhancing biomass + coal Co-firing scenarios via biomass torrefaction and carbonization：case study of avocado pit biomass and Illinois No. 6 coal. Renewable Energy，122：152-162.

第五章　结论及建议

第一节　研究的基本认识

煤炭和石油的大规模开发利用，推动了工业化进程，为经济社会发展提供了动力，但同时带来了生态环境的破坏，导致了经济社会发展与生态环境矛盾加剧。能源革命是实现经济社会发展与生态环境从“相背而行”到“相向而行”的转变的关键。习近平在十九大上强调了“中国梦”重要思想及新“三步走”战略①，描绘了中国新时代的宏伟蓝图，对能源革命提出更高的要求。相比于发达国家，中国的环境保护、能源安全、气候变化等问题在同一时期并行出现，所以必须走“平稳切换、多能协同、智慧管控、区域分工”的路径推动能源革命。

能源系统转型是能源革命的核心内容，能源战略对国家及地区的能源系统转型影响巨大。全球及中国在能源系统战略方面面临着各种挑战。全球面临能源公平、能源供应安全和能源绿色化等多重严峻挑战。由于缺乏强有力的全球能源治理，各国能源战略难以得到有效整合及难以推进全球层面的一致、有力执行，导致全球能源系统转型总体较为缓慢。中国被期望在推动全球能源系统转型中起到更加积极主动的作用。中国能源挑战越来越复杂和严峻。但由于政治意愿坚定，并形成了“控总量、调结构”的系列能源战略共识，我国有效推动了在发展中少耗能、少排放。然而随着深度节能的要求不断提高、可再生能源大规模引入及信息和通信技术的发展，能源系统集成（核心是基础设施）将成为巨大的挑战和重大的机遇。

中国主要区域由于资源禀赋、基础设施、经济社会发展水平、国家定位不同，其能源系统各具特点。京津冀、长三角、珠三角地区经济发展水平高，本地能源资源相对有限，能源供应主要依赖于外部调入，能源强度低；东北与中部地区，经济发展水平低于主要区域平均水平，本地能源资源有限，能源供应依赖于外部

① 《习近平：决胜全面建成小康社会 夺取新时代中国特色社会主义伟大胜利——在中国共产党第十九次全国代表大会上的报告》，http://www.gov.cn/zhuanti/2017-10/27/content_5234876.htm[2021-03-25]。

调入，工业结构优化潜力大，能源强度下降空间大；能源富集、西南地区及山西经济发展水平相对滞后，能源资源丰富，是主要的能源输出区域。关于各区域经济部门能耗增长的驱动因素，各地区多数能耗的增长主要驱动因素为人均地区生产总值的增加即经济的发展，老工业基地（吉林除外）及新疆能耗增长的最主要驱动因素为能源强度的提升，能源富集地区的能源强度提高也带来能耗的增长。经济结构调整及能源强度的降低是大部分区域经济部门能耗降低的主要影响因素。总体上，各区域的能源发展虽然有一定共性，但差异较大，还需要在全国一盘棋的各区域协调发展原则下，做好各区域能源的精细化、差异化发展。此外，应尽快实施碳排放、能耗总量和能源强度的“三控”政策，加速各区域能源系统转型和促进协调配合。

燃煤耦合生物质发电技术作为多能协同的典型案例，为煤电产业的低碳发展提供了逐步从以燃煤为主过渡到以燃烧生物质为主的“平稳切换”新思路。燃煤耦合生物质发电在国际上已经经历长期发展，而我国燃煤耦合生物质发电的发展仍处于起步阶段，主要障碍为：生物质使用量的监管难度大，影响补贴政策的制定与推广；技术经济性相对于纯燃煤发电不具备明显的优势；生物质原料收储运各个环节没有成熟的商业模式造成生物质原料的价格偏高。对于受风、光资源量有限约束的东部及中部地区，燃煤耦合生物质发电具有巨大的潜力。东部及中部地区现有燃煤装机量高，未来发展中主要以改造为主，但是其发展受到当地资源量的限制。因此，我国在推动燃煤耦合生物质发电技术发展过程中应当着重考虑区域资源量，同时加强区域间、国内外生物质燃料贸易体系，降低生物质燃料成本，突破区域资源限制。

第二节　指导思想、战略方针及目标

一、指导思想

严格遵循“五位一体”总体布局，协调推进“四个全面”战略布局，坚决贯彻创新、协调、绿色、开放、共享的“五大发展理念”，统筹实施“四大板块”和“三大战略”的区域战略组合，把握共性，尊重差异，以自主创新为根本动力，以区域协同发展为抓手，充分协调好与区域经济社会和生态环境发展的关系，加快推进区域的能源生产和消费革命，建设清洁低碳、安全高效的现代化能源体系。

二、战略方针及目标

1. 战略方针

“平稳切换、多能协同”——在从以化石能源为主过渡到以非化石能源为主、从集中式能源供应为主到适度分布式能源供应、从粗放式能源消费到高质量能源消费的整个过渡过程中，通过供需、多种能源和技术之间的精心匹配、调度和协同，实现以最小产能浪费为代价的新旧产能的平稳过渡。

“智慧管控、区域分工”——做好经济社会、生态环境全景视角下的能源系统全局优化和全程精细管控，做好电力、热力和燃料等多种不同类型能源网络之间共建、共享、共调的深度协同，加速可再生能源、信息通信技术等能源新技术、新产业的创新；各主要区域视自身资源能源、经济社会和生态环境禀赋，应采取精准化、区域化的能源革命路径进行推进，注重自身不同的分工和定位，在此基础上进行跨区协作。

2. 战略目标

当前至2025年，为全面启动期，能源系统转型取得重大进展，能耗总量得到控制，能源强度达到世界先进水平，可再生能源成为能源增量主体，环境污染基本好转。

2026年至2035年，为攻坚阶段，至2035年，各区域实现破局，基本建成现代化能源体系，环境污染问题得到解决，有力支撑社会主义现代化。

2036年至2050年为突破期，至2050年建成能源强国，实现能源体系现代化。完成能源系统转型，为“中国梦”实现提供支撑，成为全球能源治理的引领者。

第三节　战略任务和重点工程

一、严格执行碳排放总量、能耗总量和能源强度“三控”，深度推进系统节能和低碳发展

将碳排放总量、能耗总量、能源强度作为区域经济发展的重要约束条件，国家层面做好统筹规划，实施分区域、分行业差别化管理；从法律法规、技术、传播等方面采取措施，促进节能和低碳目标的实现。

二、持续推进煤炭高效、清洁、低碳利用

推进亚临界机组改造、超超临界二次再热机组应用等措施，提高煤电机组效率，降低发电煤耗，同时推动生物质掺烧发电；加强工业锅炉高效清洁技术的研

发，提高锅炉燃烧效率，减少污染物的排放；适度发展煤化工产业，提升替代能源能力储备。

三、推进非化石能源超常规发展

加速核电发展，重点推动第四代核电，尤其是快堆的发展，适度推进核电小堆，继续积极研究核聚变；推进水电、风电、光伏发电等可再生能源的多能协同和多联产，实现稳定高效的负荷输出和就地利用；加速推进生物质经济发展，尤其重视燃煤耦合生物质发电技术的示范及推广。

四、加强能源系统集成创新，建设智慧能源系统

通过对智慧能源系统示范项目的案例研究，包括政策支持、项目规划、技术选择、市场机制建设等，总结经验为后续项目提供更充分的理论支撑。加强分布式能源、储能、电动汽车、互联网管理平台等智慧能源系统相关的基础技术的研发，降低各个环节的成本。

第四节　保 障 措 施

一、成立专委会，加强领导，推动联发联控

成立各个区域的能源革命专委会，对各区域能源革命的顶层规划、责任划分、奖惩措施、监督机制进行统一领导。重点推动以各区域联合发展为目的的“三控”政策联合落实。

二、做好能源革命的国家和区域规划

首先需要建立和强化国家层面对各区域能源规划进行统一协调的机制，在此基础上，各区域的规划需要结合本地区经济社会发展总体目标。各区域应基于自身能源系统特点，因地制宜，着重规划相适应的重点领域及重点专项，精准规划区域能源革命。

三、促进多方协作，推进能源技术革命模式创新

加强国际交流合作、区域间交流协作、产学研政交流协作，以各区域的重大能源革命项目规划设计、配套支持政策研究和相应商业模式创新为着眼点，探索适合各区域的特色示范工程，走出区域特色的能源技术革命路径。

附录　生物质经济发展技术路线图的案例分析

生物质经济是指以农林剩余物、畜禽粪便、城市固体废物等可再生或可循环的生物质资源为原料，生产生物质能和生物基产品，满足生产、生活对清洁能源和生物基产品日益增长的需要，实现绿色、低碳和可持续发展的经济形态。

发展生物质经济有利于促进经济增长、农村发展和减少化石能源的消耗，具有较大的发展潜力，但还面临着许多挑战。

一、产业发展现状

（一）资源总量及分布

我国生物质资源种类繁多、来源广泛，主要包括农作物秸秆、农产品加工剩余物、畜禽养殖剩余物等农业生物质资源，林木采伐及森林抚育剩余物等林业生物质资源，城市固体废物，废弃食用油脂等。根据现有生物质技术现状等进行估算，目前我国每年可用于能源用途的生物质资源总量约 4.6 亿吨标准煤。

1. 农业生物质资源

1）农作物秸秆

国家发改委、农业农村部对全国“十二五”秸秆综合利用情况的终期评估结果显示，2015 年全国主要农作物秸秆理论资源量为 10.4 亿吨，可收集资源量为 9.0 亿吨，主要分布在华北平原、长江中下游平原、东北平原等 13 个粮食主产省区市，已利用量为 7.2 亿吨，秸秆综合利用率为 80.0%（图 1），其中，秸秆肥料化利用量为 3.9 亿吨，占可收集资源量的 43.2%；秸秆饲料化利用量为 1.7 亿吨，占可收集资源量的 18.8%；秸秆基料化利用量为 0.4 亿吨，占可收集资源量的 4.0%；秸秆燃料化利用量为 1.0 亿吨，占可收集资源量的 11.4%；秸秆原料化利用量为 0.2 亿吨，占可收集资源量的 2.7%。尚有 1.8 亿吨秸秆未得到有效的利用，被废弃或焚烧。可供能源化利用的秸秆资源量每年约为 2.8 亿吨，折合 1.4 亿吨标准煤。

当前，我国粮食供求将长期处于紧平衡状态。受农业结构调整、生态退耕、自然灾害损毁和非农建设占用等影响，耕地资源逐年减少。我国水资源较为匮乏，且水资源分布极不均衡，水土资源很不匹配。从中长期发展趋势看，受人口、耕地、水资源、气候、能源、国际市场等因素变化影响，我国粮食和食物安全将面临严峻挑战。预测到 2035 年和 2050 年，我国秸秆理论资源量为 8.2 亿吨，可收集资源量为 6.84 亿吨，可能源化利用资源量为 2.4 亿吨，折合 1.2 亿吨标准煤。

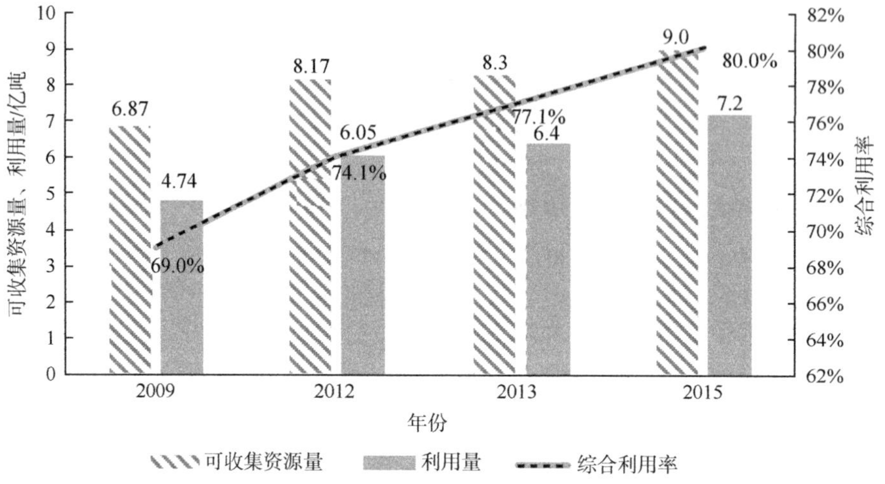

图 1　中国农作物秸秆资源潜力

2）农产品加工剩余物

农作物收获后进行加工时也会产生废弃物，如稻壳、玉米芯、花生壳和甘蔗渣等。这些农业废弃物由于产地相对集中，主要来源于粮食加工厂、食品加工厂、制糖厂和酿酒厂等，数量巨大，容易收集处理，可作为燃料直接燃烧使用，也是我国农村传统的生活用能。2016 年我国农产品加工剩余物每年约为 11 373.8 万吨（表 1），可供能源化利用约为 5700 万吨，折合 2850 万吨标准煤。预测到 2035 年和 2050 年，我国农产品初加工剩余物可利用资源量为 5000 万吨。

表 1　中国农产品加工剩余物资源潜力

品种	农产品产量/万吨	转换系数	剩余物产量/万吨
稻壳	20 707.5	0.2	4 141.5
玉米芯	21 955.2	0.25	5 488.8
花生壳	1 729	0.35	605.2
甘蔗渣	11 382.5	0.1	1 138.3
合计			11 373.8

3）畜禽养殖剩余物

2014 全国猪肉产量为 5671.39 万吨，牛肉产量为 689.24 万吨，羊肉产量为 428.21 万吨，生猪年末存栏为 46 582.74 万头，禽蛋产量为 2893.89 万吨，牛奶产量为 3724.64 万吨。可以测算，2014 年我国畜禽粪便排放量为 25.0 亿吨，可转化沼气资源量为 1286 亿立方米，折合 9182 万吨标准煤。

随着人口增长及城镇化步伐加快，肉类消费量将不断提高，但肉类消费速度将呈逐步下降趋势，预计到 2035 年、2050 年，我国居民家庭肉类消费量将分别为 68.62 千克/年、68.62 千克/年，同理可预测人均蛋类消费量分别为 21.13 千克/年、21.13 千克/年；人均奶类消费量分别为 42.85 千克/年、52.53 千克/年。由此，可以预测 2035 年和 2050 年我国畜禽粪便可转化沼气资源量分别为 1548 亿立方米、1815 亿立方米、1669 亿立方米。

2. 林业生物质资源

中国第八次森林资源清查结果表明，全国林地面积 31 046 万公顷，其中，有林地为 19 117 万公顷，疏林地为 401 万公顷，灌木林地为 5590 万公顷，未成林地为 711 万公顷，宜林地为 3958 万公顷，其他林地为 1269 万公顷（包括苗圃地、无立木林地和林业辅助生产用地）。有林地面积中，乔木林为 16 460 万公顷，占 86.10% ；经济林为 2056 万公顷，占 10.75% ；竹林为 601 万公顷，占 3.14%。

全国森林面积为 20 769 万公顷，森林覆盖率为 21.63%。其中，防护林为 9967 万公顷，特用林为 1631 万公顷，用材林为 6724 万公顷，薪炭林为 177 万公顷，经济林为 2056 万公顷，其他林（包括宅旁、路旁、水旁、村旁等四旁林）为 214 万公顷。采伐剩余物 2014 年数量为 7553.46 万立方米，年产量为 3237.2 万立方米，总产量为 2264.04 万吨。可利用的林业抚育和木材采伐剩余物生物质资源年产量约为 20 201.71 万吨，折合 9754.4 万吨标准煤。可利用的林业生物质资源如表 2 所示。

表 2　可利用的林业生物质资源

林种	森林面积/万公顷	年产量/（公顷/千克）	总产量/万吨
防护林	9 967	866	8 631.42
特用林	1 631	750	1 233.25
用材林	6 724	750	5 043.00
薪炭林	177	7500	1 327.50
经济林	2 056	750	1 542.00
其他林	214	750	160.50
合计	20 769		17 937.67

注：①防护林包括了 5590 万公顷的灌木林，灌木林的平茬抚育量为 1250 千克/公顷，按每三年一次平茬抚育计，其他防护林的年抚育量为 375 千克/公顷；②采伐剩余物包括树枝、梢头、树根等，约占全树的 30%，其密度按 0.7 吨 / 米 ^{3} 计

利用潜力：我国的林地 90% 以上是山地和干旱沙地，林木生长密度小，林业

抚育和采伐剩余物分布分散，造成收集、运输困难，有条件利用的林木生物质资源应为50%左右，即1亿吨左右；林业用地中的未成林地（711万公顷）、宜林地（3958万公顷）和其他林地（1269万公顷）将来可增加4453.5万吨／年的林业抚育剩余物。

3. 城市固体废物

2016年，全国城市生活垃圾清运量为2.04亿吨，生活垃圾处理率为98.45%；全国县城生活垃圾清运量为6655.1万吨，县城生活垃圾无害化处理率为83.58%。按照50%可作为焚烧发电方式处理，则折合3671万吨标准煤（折标系数按照0.2714千克标准煤/千克计算）。截止到2015年底，我国城市共建成垃圾焚烧设施220座，年处理量为6175.52万吨，占无害化处理能力的34.28%。

4. 废弃食用油脂

废弃食用油脂是指由于化学降解（氧化作用、氢化作用等）破坏了食用油脂原有的脂肪酸和维生素或由于污染物（如苯类、丙烯醛、己醛、酮等）的累积，而不再适合于食品加工的油脂，主要为废植物油，也包含少量动物脂。废弃食用油脂主要来源于家庭烹饪、餐饮服务业和食品加工工业（如油炸工序）。

据国家粮油信息中心数据，2016～2017年我国食用油需求总量（即消费量）为3751.5万吨，人均年食用油的消费量为26.6千克。全球人均年食用油消费量为24.4千克、欧盟为35.1千克、美国为45.5千克，我国食用油的人均消费量已超过世界平均水平，并有继续增加趋势。

按照每消耗1千克食用油脂产生0.175千克废弃食用油脂，废弃食用油脂的回收率按50%计算，2016年中国可回收废弃食用油脂为328万吨。应用废弃食用油脂制备生物柴油，油脂的转化效率一般不小于85%，如果这些废弃食用油脂都用来制备生物柴油，可得到生物柴油279万吨，折合为399万吨标准煤。

5. 未利用土地资源

根据《2020年中国统计年鉴》，截至2017年底，全国耕地面积为134.9万平方公里，园地面积为14.2万平方公里，林地面积为252.8万平方公里，牧草地面积为219.3万平方公里，其他农用地面积为23.6万平方公里，居民点及独立工矿用地面积为32.1万平方公里，交通运输用地面积为3.8万平方公里，水利设施用地面积为3.6万平方公里。

（二）国内产业发展现状

近年来，我国生物质能多元化利用取得较大进展，规模化沼气、生物质供热/发电等多种利用方式并举，技术不断进步，已呈现出规模化发展的良好势头。

1. 规模化沼气工程

规模化沼气工程是指以畜禽粪便、农作物秸秆、城镇生活垃圾、工业有机废弃物等为发酵原料，单个厌氧发酵装置容积在 300 立方米以上，生产沼气、沼渣和沼液的技术。其中，沼气可作为优质清洁能源通过管道或压缩装罐向农户供气，也可以发电或烧锅炉，或者净化提纯后，生产生物天然气并入天然气管网或作为车用燃气；沼渣、沼液经深加工制成含腐植酸水溶肥、叶面肥或育苗基质等，应用于蔬菜、果树及粮食生产，有效提高了农产品品质和产量，减少了化肥使用量，增加了土壤有机质。

“十二五”期间，国家累计安排中央投资 142 亿元用于农村沼气建设，农村沼气事业持续快速发展，逐步由过去的以户用沼气为主形成了多元化发展的新格局。截至 2014 年底，全国沼气用户达到 4383 万户，其中户用沼气达 4183 万户、集中供气 200 万户，年产沼气 156 亿立方米；大中小型沼气工程达到 10.3 万处，总池容达到 1690 万立方米，年产沼气 22.57 亿立方米，供气户数达到 192.27 万户，年发电量达 46 679 万千瓦时；出现了一批规模超过 1 万立方米的特大型沼气工程，大型生物天然气工程也开始建设试点。

为应对经济发展新常态下农业农村面临的新形势，2015 年，国家发改委印发了《2015 年农村沼气工程转型升级工作方案》，安排中央预算内投资 20 亿元，支持建设了日产沼气 500 立方米以上的大型农村沼气工程 386 个，以及 25 个日产生物天然气 1 万立方米以上的大型生物天然气工程试点。

发展生物天然气等规模化沼气工程，构建分布式清洁燃气生产消费体系，有效治理县域大气污染；增加国内天然气供应，提高能源安全保障程度；规模化处理各类有机废弃物，保护城乡生态环境；发展有机肥，壮大生态循环经济新产业；推进能源领域供给侧结构性改革，发展现代新能源产业；创新生物质能发展新道路，开创可再生清洁燃气应用新领域。我国具有巨大的生物质资源储量和开发潜力，而且在废弃物污染治理、城镇化建设和可再生能源发展需求等方面均有迫切需求，因此，利用厌氧发酵技术制备生物天然气市场前景广阔，未来沼气产业将朝着规模化、专业化、标准化和市场化方向发展。

2. 生物质供热

生物质能供热绿色低碳、经济环保，是重要的清洁供热方式，可为农村居民、中小型区域提供清洁供暖和工业蒸汽，直接在用户侧替代化石能源。生物质能供热主要包括生物质热电联产和生物质锅炉供热，布局灵活，适用范围广，适合城镇民用清洁能源供暖及替代中小型工业燃煤燃油锅炉。

我国生物质供热产业规模化发展始于 2006 年，近几年呈现了迅猛发展的态势。生物质成型燃料解决了功率大、生产效率低、成型部件磨损严重和寿命短等问题，秸秆成型燃料专用供热锅炉生产技术也取得长足进步，成型燃料机械制造、专用锅炉制造、燃料燃烧等技术日益成熟，具备规模化、产业化发展基础。截至2015年底，生物质成型燃料年利用量约为800万吨，主要用于农村居民炊事取暖用能、工业锅炉和发电厂的燃料等。

当前，国家高度重视北方地区冬季清洁取暖，相继出台了《北方地区冬季清洁取暖规划（2017—2021年）》《国家发展改革委、国家能源局关于印发促进生物质能供热发展指导意见的通知》等系列文件，强调了发展生物质能清洁供暖到2021年，生物质能清洁供暖面积达到21亿平方米。

生物质能供热就地收集原料、就地加工转化、就近消费，构建城镇分布式清洁供热体系，既减少了农村秸秆露天焚烧，又提供清洁热力，带动生物质能转型升级。我国中小型燃煤供热锅炉数量较多，清洁替代任务较重。生物质能供热在终端消费环节直接替代燃煤，有较大的发展空间。

3. 生物质发电/耦合发电

生物质发电量持续增长。截至2016年低，我国生物质发电总装机容量为1214万千瓦。其中，农林生物质发电并网装机容量达605万千瓦，垃圾焚烧发电装机容量为574万千瓦，沼气发电装机容量为35万千瓦。2016年全国生物质发电量为647亿千瓦时。

2017年11月，国家能源局、环境保护部联合印发《关于开展燃煤耦合生物质发电技改试点工作的通知》，提出：一是重点在13个粮食主产省区市，针对秸秆消纳困难、田间直燃致霾严重地区的情况，合理确定技改项目技术方案；二是燃煤耦合垃圾发电、燃煤耦合污泥发电技改项目，重点在直辖市、省会城市、计划单列市等36个重点城市和垃圾、污泥产生量大，土地利用较困难或空间有限，以填埋处置为主的地区布局。近期，一批燃煤生物质耦合发电试点项目建设已经启动，广东、宁夏、湖北等地也已启动了一批燃煤与农林生物质、污泥耦合发电的试点项目。

4. 生物液体燃料

生物液体燃料是指以生物质为原料生产的液体燃料，包括燃料乙醇、生物柴油及二甲醚等，内燃机及其燃油系统等设备无需调整或略加调整即可使用生物燃料，可以用来替代传统的化石能源。与常规的化石燃料相比，使用生物燃料可有效地减少温室气体排放，促进区域经济发展，提高能源自给率，减少能源进口的经济负担，提升面对能源供给突发事件的应对能力，保证国家能源安全。

生物燃料乙醇是指生物质通过生物法生产的乙醇，既可以直接替代汽油等化石燃料，又可按照一定的比例与汽油混合，作为汽油中的品质改善剂。燃料乙醇的热值比汽油的热值低，车用乙醇汽油加入10%的乙醇，其热值理论上降低了3%，会使汽车的动力性能下降；但乙醇中含氧，使汽油中含氧量增加3.5%，将汽油中原不能完全燃烧的部分充分燃烧，提高了燃料的热值，从而减少了油耗，两者相抵，总体油耗持平或略有下降。

20世纪末，利用粮食相对过剩的条件，我国开始发展生物液体燃料。“十五”期间，国家在河南、安徽、吉林和黑龙江等4省分别建设了以陈化粮（玉米、小麦）为原料的燃料乙醇生产厂，年产燃料乙醇134万吨，并在9个省开展车用乙醇汽油销售。由于中国人多地少，耕地资源紧缺，粮食供需处于紧平衡，国家提出利用盐碱地、荒山和荒地等未利用土地发展非粮能源作物为原料生产生物燃料。2008年1月，广西建成以木薯为原料的20万吨/年燃料乙醇项目，已于同年4月15日实现广西全区使用车用乙醇汽油。此外，国家发改委相继核准了山东龙力生物科技股份有限公司5万吨/年纤维燃料乙醇项目、中兴能源（内蒙古）有限公司年产10万吨甜高粱茎秆燃料乙醇项目。2013年内蒙古自治区人民政府发布了《关于印发自治区推广使用车用乙醇汽油试点工作方案的通知》要求，按照先试点、后分步推广使用的原则，从2013年11月15日开始，在巴彦淖尔市、乌海市、阿拉善左旗行政区域内全面销售车用乙醇汽油，替代普通汽油。目前，乙醇汽油的消费量占全国汽油消费量的20%左右。

2017年9月13日，国家发改委、国家能源局等十五部门联合印发《关于扩大生物燃料乙醇生产和推广使用车用乙醇汽油的实施方案》，认为在当前形势下，扩大生物燃料乙醇生产和推广使用不但有利于优化能源结构、改善生态环境、调控粮食市场，而且有利于促进农业农村和区域经济发展。2018年8月22日召开的国务院常务会议，确定了生物燃料乙醇产业总体布局。会议提出，坚持控制总量、有限定点、公平准入，适量利用酒精闲置产能，适度布局粮食燃料乙醇生产，加快建设木薯燃料乙醇项目，开展秸秆、钢铁工业尾气等制燃料乙醇产业化示范。同时，会议决定2018年进一步在北京、天津、河北等15个省区市推广车用乙醇汽油。

2018年6月，天津市政府办公厅印发《天津市推广使用车用乙醇汽油实施方案》，要求天津市从2018年8月31日前开始推广，9月30日实现全市封闭运行，除军队特需、国家和特种储备、工业生产用油外，全市区域内基本实现车用乙醇汽油替代普通汽油。

生物柴油是以动、植物油脂（如油菜、向日葵、大豆及棕榈油等）为原料，与低碳醇（甲醇、乙醇等）通过酯交换反应获得的一种生物燃料，即脂肪酸低碳烷基酯。其具有含硫量低、燃烧性能好（十六烷值高）、润滑性能好及较好的安全性能（闪点高）等特点，可直接作为燃料油在所有未经改造的柴油机上运行，又可以一定比例（2%～30%）与柴油混合使用。除了为公共交通车、卡车等柴油机车提供替代燃料外，又可为海洋运输业、采矿业等具有非移动式内燃机的行业提供燃料。生物质柴油不需要改变现有的分配网络而直接应用于供热和运输部门，可以大规模应用。

制造生物柴油的原料多种多样，包括废弃的动植物油（如地沟油、工业废油等）和油料作物（如油菜、大豆、向日葵、麻疯树、黄连木、油棕）等。酯交换法是生物柴油工业普遍采用的方法，各种天然植物油（由各种甘油三酯和少量游离脂肪酸及各种非油脂物质组成）和动物脂肪及食品工业的废油，与甲醇或乙醇在催化剂和一定温度下进行酯化反应，生成脂肪酸甲酯或乙酯，即生物柴油，并获得副产品——甘油。

目前，我国生物柴油产业主要以中小民营企业为主，缺乏统一的建设、生产和安全标准，项目建设和运营良莠不齐。2016 年，我国生物柴油的产能约为 200 万吨，产量约为 80 万吨，主要以废弃的食用油脂为原料。与国外相比，我国生物柴油发展仍处于初级研究阶段，还有相当大的差距，主要以民营企业为主，装置规模小，技术水平低，原料供应不足，质量标准不一，市场流通不规范，综合利用和深加工水平有待提高。

随着全球气候变化、环境污染和石油价格不断上升等问题的出现，世界各国非常重视发展可再生能源，提出明确的发展目标，积极制定新的能源发展战略、法规和政策，发展可再生能源已成为世界发展之大势。

中国是一个化石能源资源十分短缺的国家，已探明的原油、天然气储量仅占世界储量的 2.4%和 1.2%。中国是一个石油消费大国，2017 年中国原油消费持续中速增长，全年原油表观消费量为 6.10 亿吨。其中，全年石油产量为 1.92 亿吨，石油对外依存度高。 随着国民经济的发展，中国石油供求缺口不断扩大，石油进口的依存度将越来越大，能源短缺形势渐趋严重。

生产生物液体燃料，对于减少对化石能源的依赖，保障国家能源安全具有重要的战略意义。

5. 生物炭技术

生物炭是指生物质（如农作物秸秆、稻壳、木屑等）在缺氧及低氧环境中经热裂解后的固体产物，大多为粉状颗粒，是一种碳含量极其丰富的炭。在农业领域，农业废弃物生物炭转化和应用作为一种农业增汇减排技术途径，其研究和开发的价值得到不断发展，主要用途包括作为土壤改良剂、肥料缓释载体及碳封存剂等。生物质的热裂解及气化均可产生生物炭，同时还可获得生物油及混合气。生物油及混合气可升级加工为氢气、生物柴油或化学品，这有助于减轻对化石能源或原料的依赖。

由于生物炭可以稳定地将碳元素固定长达数百年，其中的碳元素被矿化后很难再分解，为了应对全球气候变化，生物炭正在成为人们关注的焦点，不少人认为在土壤中添加生物炭是一种“气候变化减缓”战略和恢复退化土地的方式，但还存在一定的争议。

近几年来，我国相继出现了一些企业自主开发的生物质炭化技术和设备，目前已达一定规模，秸秆生物炭产业技术已经居世界领先地位。年转化秸秆等农业废弃物生物质已达 10 万吨规模，生产和应用生物质炭 3 万吨以上，生物质炭缓释复合肥、生物炭污染农田钝化修复和生物质炭快速土壤改良等规模化生物质炭应用已达产业化。

此外，国内的一些研究机构对生物质快速热解技术进行了研究和推广。广州迪森热能技术股份有限公司开发出年产 1 万吨生物质原油的中高温快速裂解工艺；安徽金秸能生物科技有限公司拥有多项核心专利，在安徽建设六安、芜湖两个生物质原油生产厂，发明了旋转杯燃烧器，解决了生物质原油的燃烧技术。

6. 小结

从生物质能资源状况和技术发展水平来看，生物质成型燃料的技术已基本成熟，并将继续保持较快发展势头。规模化沼气工程技术成熟，可用于替代天然气和车用燃料。生物质热电联产，以及生物质与煤混燃发电仍是今后一段时期生物质能规模化利用的主要方式。

当前，生物质能研究重点和难点主要是第二代生物液体燃料技术及微藻的第三代生物液体燃料技术。低成本纤维素乙醇、生物柴油等先进非粮生物液体燃料的技术进步，为生物液体燃料更大规模发展创造了条件，以替代石油为目标的生物质能梯级综合利用将是主要发展方向。

随着科学技术的发展和进步，生物质能及相关资源化利用的资源将继续增多，油脂类、淀粉类、糖类、纤维素类和微藻，以及能源作物（植物）种植等各种生物质都是生物质能利用的潜在资源。生物质有望通过各种转换技术高效利用，生产清洁燃料和电力替代煤炭、石油和天然气等矿物燃料，并极可能成为未来可持续能源系统的重要组成部分。

（三）国外产业发展现状

近年来，为应对国际能源供需矛盾、全球气候变化等挑战，越来越多的国家将发展生物质能作为替代化石能源、保障能源安全的重要战略措施，积极推进生物质能开发利用，生物质能在许多国家能源供应中的作用正在不断增强。

近年来，由于政策的支持，生物质能用于发电和运输燃料增长较快。目前，世界上技术较为成熟、实现规模化开发利用的生物质能利用方式主要包括生物质发电、生物液体燃料和生物质供热等。

1. 生物质发电

2015 年，世界生物质能初级能源消费量约为 51 艾焦，约占世界能源消费总量的 9%。

其中，约一半以上的生物质能消费为发展中国家的传统的生物质能，主要用于炊事和采暖，利用开放式或简单的炉具。在现代化生物质能中，大约 13 艾焦用于民用建筑和工业供热，约占世界供热消费的 6%；生物液体燃料约为 0.32 艾焦，占世界运输燃料消费量的 4%；生物质发电量约为 500 亿千瓦时，占世界总发电量的 2%。

欧美国家主要利用农林剩余物、养殖场剩余物生产沼气，以及利用城市生活垃圾等进行发电。到 2017 年底，全球生物质发电装机容量达 122 吉瓦，与 2016 年相比增加了 7%。全球生物质总发电量为 555 亿千瓦时，与 2016 年相比，增加了 11%。欧洲的生物质热电联产已很普遍，能源利用效率高，生物质与煤混燃发电较多，秸秆直接燃烧发电技术、生物质流化床锅炉发电技术已十分成熟。中国已经超过美国，成为世界最大的生物质电力生产国。其他主要生产国包括巴西、日本、英国等。

2. 生物液体燃料

随着国际石油市场供应紧张和价格上涨，发展生物燃料乙醇和生物柴油等生物液体燃料已成为替代石油燃料的重要方向。2017 年全球生物液体燃料产量达到 1430 亿升，与 2016 年相比，提高了 2.5%。美国和巴西是最大的生物液体生产国，其次为德国、阿根廷、中国和印度尼西亚。目前，以甘蔗、玉米和薯类作物为原料的燃料乙醇和以植物油脂为原料的生物柴油已实现较大规模应用。乙醇汽油在巴西、美国已大规模使用，生物柴油在欧洲实现了较大规模的利用。

据估计，大约 65%生物液体燃料为生物燃料乙醇，29%为生物柴油，另有 6%为加氢植物油或加氢生物柴油。2017 年全球生物燃料乙醇的产量为 1055 亿升，与 2016 年相比，增长了 3.8%。美国和巴西在生物燃料乙醇中维持着领导地位，占全球 2017 年总产量的 84%。其次是中国、加拿大和泰国。2017 年全球生物柴油产量约为 366 亿升，主要生产国为美国（占全球产量的 16%）、巴西（11%）、德国（9%）和阿根廷（9%）。

3. 生物质供热

2016 年现代生物质供热在终端能源消费中大约提供了 13.1 艾焦的热量。其中，工业用途大约为 7.9 艾焦；住宅和商业部门大约消费了 5.2 艾焦，主要用于室内空间加热。欧洲是最大的生物质供热消费市场，2016 年欧盟成员生物质供热消费量约为 3.6 艾焦，主要是固体生物质。

2017 年全球生物质颗粒燃料持续增长，达到 30 000 万吨，主要用于发电和供热。其中，1400 万吨用于住宅和商业供热，主要国家为意大利、德国和瑞典。

4. 发展趋势

据 IEA 预测，生物质能在 2018～2023 年将成为增长量最高的可再生能源，增长了46 010万吨标准油，占世界可再生能源消费增长总量的30%，主要用于供热和交通运输燃料。到2023年，生物质能将在可再生能源资源中占主导地位，占可再生能源消费总量的46%。

（四）产业SWOT①分析

我国生物质经济产业发展的优势为：中国生物质能资源丰富，总量约4.6亿吨标准煤当量，包括农作物秸秆及农产品加工剩余物、畜禽养殖剩余物、林木采伐及森林抚育剩余物、城市固体废物、废弃食用油脂等；生物质能多元化利用取得较大进展，生物天然气、生物质供热/发电等多种利用方式并举，技术不断进步，已呈现出规模化发展的良好势头。

我国生物质经济产业发展的劣势为：部分技术有待突破，如第二代纤维乙醇、微藻能源等；生物质能资源评价、技术标准、产品检测和认证等体系不完善；生物质资源收集、储存和运输较为困难，成本高，特别是农作物秸秆。

我国生物质经济产业发展的机遇为：能源安全、温室效应、雾霾等问题增加对生物质能源的需求；激励政策初步形成；有利于增加农民收入和就业，发展乡村振兴战略；有利于保护生态环境。

我国生物质经济产业发展的威胁为：推广能源作物需要协调国家粮食安全矛盾；生态环境脆弱；常规能源具有低价竞争力。

我国生物质经济产业发展战略如表3所示。

表3　我国生物质经济产业发展战略

外部因素	内部因素	
	优势（S）	劣势（W）
机遇（O）	SO战略（依靠内部优势，利用外部机遇）： 积极制定和完善生物质能源产业发展的政策； 因地制宜地编制出切合当地实际的生物质能产业规划	WO战略（依靠外部机遇，克服内部劣势）： 积极研发生物质能源转化技术； 积极探索生物质能源产业化、规模化和市场化发展方式； 鼓励全民积极参与
威胁（T）	ST战略（依靠内部优势，应对外部威胁）： 坚持不与人争粮、不与粮争地、不破坏生态环境	WT战略（减少内部劣势，应对外部威胁）： 集中研发力量，壮大规模，加大各企业的研发合力； 降低生产成本； 加强知识产权保护

① SWOT分析即企业在战略选择时，对企业内部条件的优势与劣势及外部环境的机遇与威胁进行综合分析，据以对备选战略方案做出系统评价，最终选出一种适宜的战略的分析方法。其中S代表strength（优势），W代表weakness（弱势），O代表opportunity（机遇），T代表threat（威胁）。其中，S、W是内部因素，O、T是外部因素。

二、产业应用市场需求分析

（一）能源革命的需要

近年来，能源支撑了我国经济社会的快速、稳定发展。我国经济持续快速发展，也带来了资源环境的破坏。据统计，2017 年能源消费总量为 44.9 亿吨标准煤，比上年增长 2.9%。能源需求的快速增长使我国的能源供应压力加大，确保能源的稳定、经济、清洁、安全供应是我国经济社会持续快速健康发展的重要任务。我国常规能源资源短缺，尤其是石油、天然气资源严重不足，已成为影响经济社会发展的重要因素。

党的十九大开启了中国特色社会主义新时代，做出了“建设社会主义现代化强国”“实现‘两个一百年’奋斗目标”[①]的战略部署，新时代、新征程要求能源行业加速推进深刻的能源生产与消费革命，构建清洁低碳、安全高效的能源体系。在加强常规能源开发和大力推动节能的同时，改变目前的能源消费结构，向能源多元化和清洁能源过渡，已是迫在眉睫。

（二）环境保护的需要

我国能源消费结构以煤为主，是世界第一大煤炭生产和消费国。这意味着在污染控制和温室气体排放方面比其他国家面临更大挑战。据统计，全国二氧化硫排放总量的 90%是由燃煤造成的，二氧化硫已成为主要的大气污染源，我国有 1/3 的国土面积受到酸雨污染，生态环境、大气质量问题突出，已严重影响我国经济社会发展和人民生命健康。调整能源结构、减少污染排放，是实现社会可持续发展的必然要求。

当前，我国大气污染形势严峻，以可吸入颗粒物（PM_{10}）、细颗粒物（$PM_{2.5}$）为特征污染物的区域性大气环境问题日益突出，损害人民群众身体健康，影响社会和谐稳定。

另外，我国农村人口规模庞大，基础设施建设落后，主要依靠老式锅炉取暖供热，给环境造成巨大负担。我国农村人口数量多，60%的农村能源消费来自农村居民生活用能，其中 90%为供暖、炊事用能，能源品种以煤炭为主。老式锅炉数量多、耗煤量大、热效率低；煤炭则以低质散煤为主，原煤灰分和硫分都相对偏高，而且没有污染控制设备，直接低空排放，导致农村吨煤排放量远超全社会煤炭排放。

生物质能的应用能避免农作物秸秆的露天焚烧、禽畜粪便排放、农林加工业

---

① 《习近平：决胜全面建成小康社会 夺取新时代中国特色社会主义伟大胜利——在中国共产党第十九次全国代表大会上的报告》，http://www.gov.cn/zhuanti/2017-10/27/content_5234876.htm[2021-03-23]。

的耗氧性废气废水排放对大气、土壤、水体造成的生态和环境伤害，在实现生物质资源无害化和资源化的同时，有效改善农村的居住环境，提高农民的生活质量。

（三）北方地区冬季清洁采暖的现实要求

当前，受经济发展水平、居民分布密集程度、地区用电负荷等因素影响，北方地区部分城市周边、城乡接合部、农村等地尚不能实现集中供暖，大量使用分散燃煤小锅炉、小火炉取暖，取暖效果差、污染物排放总量大。据测算，同样 1 吨煤，散烧煤的大气污染物排放量是燃煤电厂的 10 倍以上，严重污染了环境，影响了人们健康生活。

2016 年 12 月 21 日，习近平在主持中央财经领导小组第十四次会议时强调，“推进北方地区冬季清洁取暖，关系北方地区广大群众温暖过冬，关系雾霾天能不能减少，是能源生产和消费革命、农村生活方式革命的重要内容”[①]。

切实落实中央财经领导小组第十四次会议关于推进北方地区冬季清洁取暖要求，解决好人民群众普遍关心的冬季安全供暖及雾霾问题，国家能源局会同有关部门加快研究制定北方地区清洁取暖政策，按照企业为主、政府推动、居民可承受的方针，加快提高清洁供暖比重，5 年内在有条件地区基本实现清洁取暖方式替代散烧煤。2017 年，财政部印发了《关于开展中央财政支持北方地区冬季清洁取暖试点工作的通知》，提出“因地制宜推广地热能、空气热能、太阳能、生物质能等可再生能源分布式、多能互补应用的新型取暖模式”。

（四）减排温室气体的需要

全球气候变化已成为人类共同面对的威胁，采取措施减少温室气体排放、应对气候变化和减缓气候变化的影响已成为国际共识。许多国家都制订了不同形式的温室气体减排承诺方案。

作为一个快速发展的发展中大国，中国是仅次于美国的世界第二大二氧化碳排放国，而且增速居全球第一。虽然我国近期并不承担温室气体减排的义务，但是作为一个负责任的大国，有责任和义务采取必要的措施，尽量减少二氧化碳的排放。而且，从世界政治经济发展的大趋势来看，我国未来必将承担与自身国际地位相适应的责任和义务，在全球气候变化问题上，将面临越来越大的国际压力。同时，压力还来自我们自身，来自减少污染、保护环境、可持续发展的自身要求。如果不积极应对，气候变化问题甚至可能成为影响我国未来经济发展的一个很大的不确定性因素。

---

① 《中央财经领导小组第十四次会议召开》，http://www.gov.cn/xinwen/2016-12/21/content_5151201.htm [2021-03-23]。

我国政府高度重视应对全球气候变化工作，2007 年颁布了《中国应对气候变化国家方案》。到 2009 年上半年，中国单位 GDP 能耗已经比 2005 年降低了 13%。2009 年 11 月 26 日，中国政府又公布了控制温室气体排放的行动目标，决定到 2020 年全国单位国内生产总值温室气体排放比 2005 年下降 40%～45%，表示了我国积极应对气候变化，为减缓全球气候变化做出贡献的决心和行动，在温室气体减排方面树立了良好的国际形象。

从国际温室气体减排的经验来看，提高能源效率和发展可再生能源是两大主要措施。我国已经将发展可再生能源作为应对气候变化、减少温室气体排放的重要手段。

（五）增加农民收入和就业机会的需要

生物质能的开发利用可有效延长农业产业链，为农村开拓新的产业，增加农民收入，实现工业反哺农业。据测算，一台 2.5 万千瓦生物质直燃发电机组，按年利用 6000 小时计算，年发电量可达 1.3 亿千瓦时，新增产值近亿元，秸秆的收集、运输、加工等环节为当地农民增加就业岗位 1000 余个。这对于解决农村富余劳动力就业，提高地方财政收入，带动地方相关产业和第三产业的发展，繁荣农村经济，提升我国农业竞争力，都具有非常重要的作用。

（六）乡村振兴的需要

目前，农村是我国经济和社会发展最薄弱的地区，一些地方基础设施建设落后，农民收入增长缓慢。2017 年 10 月 18 日习近平同志在党的十九大报告中提出实施乡村振兴战略[①]。农业农村农民问题是关系国计民生的根本性问题，必须始终把解决好“三农”问题作为全党工作的重中之重，实施乡村振兴战略。生物质能资源主要来源于农业和林业，开发利用生物质能资源与农业、农村发展密切相关。

从能源供应方面看，农村基础设施落后，而且全国农村居民生活用能中广泛存在着采用秸秆、薪柴等传统方式利用生物质能的现象，能源利用效率低下。同时，我国农村地区生物质资源非常丰富，生物质能的开发利用能因地制宜地解决农村地区生活用能和偏远地区电力供应问题，充分地利用当地资源为居民提供清洁的能源，提高农民生活质量。

从生态效益上看，生物质能的开发利用有利于改善农村生产生活环境，促进资源节约型、环境友好型社会建设。将废弃的农林剩余物收集、加工整理，形成商品，使之无害化和资源化，能有效解决农村秸秆和禽畜粪便的污染，能显著改

---

① 《习近平：决胜全面建成小康社会 夺取新时代中国特色社会主义伟大胜利——在中国共产党第十九次全国代表大会上的报告》，http://www.gov.cn/zhuanti/2017-10/27/content_5234876.htm[2021-03-23]。

善农村环境状况。同时，生物质能的应用将产生大量的有机肥料，有机肥料的增加能够有效增加土壤的有机质，减少化肥农药的使用。

呼吸道疾病是农村妇女常患的一种疾病，这与农村常年使用污染严重的秸秆散烧有密切的关系。生物质能的应用能为农民提供清洁的能源，大幅度降低农民使用秸秆的时间，清洁室内环境，减少发病概率。

三、产业发展战略目标

（一）产业发展定位

1. 总体要求

深入贯彻习近平新时代中国特色社会主义思想，深入贯彻党的十九大和十九届二中、三中全会精神，将生物质能作为能源生产和消费革命及可持续发展的重要途径、发展低碳经济和循环经济的重要环节、实施乡村振兴战略的重要措施、培育和发展战略性新兴产业的重要内容，坚持因地制宜、综合利用、就地消纳、多能互补、城乡互助的原则，以县级区域为单元，立足区域资源禀赋、经济发展水平和产业发展时间需求，以农林剩余物能源化利用为重点，实行政府规划、市场为主、农民参与，试点先行、创新机制、创设政策，努力建立起政府补助与市场经营相结合、企业与农民利益相统一、县乡城镇与农村供能相统筹的长效运行机制，为实现农业强、农民富、农村美做出重要贡献。

2. 基本原则

资源开发，生态保护。以不牺牲农业和粮食、生态和环境为出发点，科学开发盐碱地、“三荒”地等宜能非耕地，规模化种植新型非粮能源作物与生态能源林，充分发挥能源、生态、经济、社会综合效益，不破坏生态环境。

统筹规划，整县推进。以县为单位，统筹农作物秸秆、畜禽粪污、林业生物质资源等多种原料，供热、供气、供电等多元能源用途，构建生物质经济县域可持续发展模式。

循环发展，梯级利用。生物质经济要按照循环经济理念，建立多元化循环利用途径，重点推广“秸秆—牲畜养殖—沼气—能源化利用、沼肥—有机肥料—种植”“秸秆—生物炭、木醋液—改良剂—种植”等循环利用模式，实现生物质资源的高效循环和能源梯级利用。

建立体系，产业扶贫。建立以企业为龙头，农户、合作社参与，县、乡（镇）人民政府监管，市场化推进的生物质收集和物流体系。优先安排有劳动能力的贫困家庭人员参与生物质体系和产业建设，解决就业并增加农户收入。

（二）战略目标

1. 中期目标（2021～2035年）

机制体系创新阶段。到2030年，生物质能成为国家能源供应体系中的主流能源阶段。生物质燃气的年利用量达380亿立方米，生物质成型燃料年利用量达5000万吨。

2. 长期目标（2036～2050年）

规模替代阶段。生物质能大规模替代化石能源，实现能源生产消费结构的基本性改变。生物质燃气的年利用量达1000亿立方米，生物质成型燃料年利用量达10 000万吨。

生物质能源发展战略目标如表4所示。

表4　生物质能源发展战略目标

项目	2035年	2050年
生物质燃气/亿米^3	380	1 000
生物质成型燃料/万吨	5 000	10 000

四、重点工程

（一）林热一体化生态示范工程

坚持与生态防护、产业扶贫相结合，充分利用现有灌木林、薪炭林、林业剩余物、木本油料林和含淀粉类林业资源，并适度利用宜林荒山荒地及边际性土地，重点布局在"三北"地区（西北、华北北部和东北西部地区），结合生态建设和治沙，培育以灌木林为主的木质能源林，树种包括沙棘、柠条、黄柳、山杏、山桃、沙柳、柽柳等。

在内蒙古、吉林、黑龙江、宁夏等地处偏远、林业剩余物资源较为丰富的林区、沙区、木材加工集中地，开展分布式林热一体化示范区建设，探索能源林基地建设、现代化原料收集体系与分布式供热相结合的产业化模式，生产热、炭、电、气等多种产品。

（二）秸秆成型燃料+户用炉具分散式供热工程

根据大气污染防治和新型城镇化进程要求，作为绿色低碳新型城镇化建设的重要内容，加快生物质能供热民用供暖的应用，构建分布式绿色低碳清洁环保供热体系，有效治理雾霾，应对气候变化，促进生态文明建设。

——根据生物质资源禀赋，建立健全生物质资源从原料收集、运输、储存、预处理到成型燃料生产、配送和应用的整个产业链。

——在人口居住分散、不宜铺设燃气管网的农村地区，因地制宜推广农村户用成型燃料炉具，解决户用炊事及采暖用能。以林场、林业局为单位，以高热效率、清洁排放生物质炉具为燃烧器，建立集中或户用供热和户用炊事体系，以生物质能源替代化石能源。

（三）“秸秆成型燃料+专用锅炉”分布式供热工程

在大气污染形势严峻、淘汰燃煤锅炉任务较重的京津冀鲁、长三角、珠三角、东北等区域，以及散煤消费较多的县域学校、医院、宾馆、写字楼等公共区域和商业区域，以及农村城镇等人口聚集区，加快发展生物质成型燃料锅炉或秸秆打捆直燃锅炉等区域集中供热。采取合同能源管理等方式，在中小工业园区及集中供热覆盖不到的工业区，积极推广生物质成型燃料锅炉供热，为工业用户提供清洁经济的工业蒸汽。

（四）种养结合规模化沼气工程

按照种养结合、生态循环、绿色发展的要求，立足整县推进，打造生物天然气和有机肥“两大产品”，建立原料收储运、生物天然气生产、生物天然气消费、有机肥利用等体系，见图 2，构建县域分布式生产消费模式，促进县域经济可持续发展和生态文明建设。

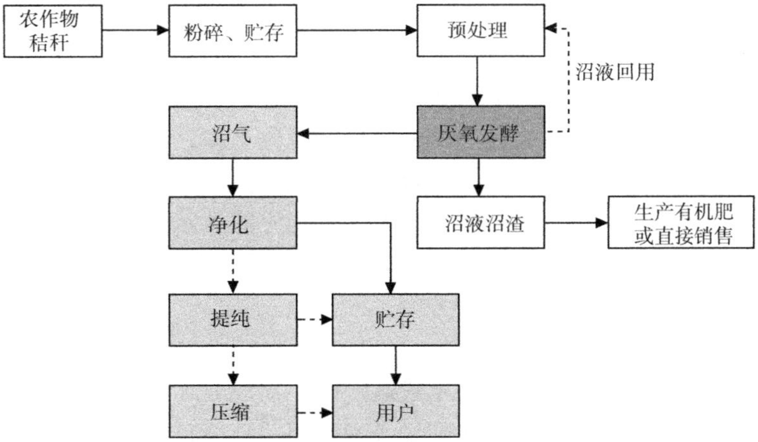

图 2　秸—沼—肥能源生态模式

在农业生物质资源丰富、地势易于铺设燃气管网、农民经济条件较好、居住较为集中的乡镇或较大的村庄，推广沼气集中供气工程，加快构建新型农村社区配套的分布式生物能源体系，为农村居民提供高品位的清洁能源，提高农村居民生活质量，改善居住环境，推动绿色、健康、生态文明的新型农村社区建设。

在具备资源、市场等条件的地区，建设大型混合原料沼气综合利用产业示范区，将沼气输入城市天然气管道网络或作为城市公共交通车辆燃料。在乡镇布设沼气供应服务站点，以供应罐装沼气的方式为周边居民提供生活燃气，沼肥可生产有机肥，提高能源利用效率。

以沼渣、沼液为原料生产有机肥，开展有机肥替代化肥行动，建设有机肥施用的专用机具，以及喷灌、滴灌等有机肥施用设施，促进化肥农药减量增效，发展无公害、绿色和有机农业。

（五）秸秆热解气化多联产还田改土工程

根据各地农业生产特点和清洁能源需求，立足生物质资源禀赋与社会经济发展水平，主要在北方冬季取暖地区和粮棉主产省（区）以县为单位规划实施秸秆热解气化多联产工程，生产电、气、炭、油等多种产品，推动生物质综合利用高值化、产业化发展。

大力推广生物炭炭基肥，改善土壤性质，促进耕地修复，解决农林废弃物污染与温室气体排放问题，保障国家粮食安全和农业可持续发展。

五、政策保障

（一）加强生物质经济技术开发力度

应整合现有资源，组建公共技术研发平台，集中力量对生物质经济技术的基础性研究开展科研攻关。同时加大对生物质能装备体系和规模化生产技术的支持力度，强化国家先期投入的引导作用，推进生物质能利用技术进步和产业化发展。分层次、按类别逐步推进生物质能的科研及产业化工作，既要支持前景好的基础性研究，也要推动技术相对成熟的项目进入中试阶段产业化。引进、消化吸收发达国家生物质能源开发和利用技术，国外的生物质能技术和装置多已达到商业化应用程度，实现了规模化产业经营。

（二）出台相关的激励政策

生物质经济的开发利用尚处于不成熟阶段，建设成本高，市场竞争力差，要促进生物质能产业的发展，政府必须尽快制定相关支持政策。建立有利于生物质能发展的市场环境。政府制定的法律政策要适用，不但要有管理，更要有促进生物质能发展的政策措施。对于生物质清洁炉具等具备一定市场潜力的技术产品，建议出台相应的产品补贴政策，进一步培育市场。通过顶层设计及PPP模式等，引导社会资本进入生物天然气领域。建议出台生物天然气入网、沼肥、沼气产品补贴等政策。建立农村、林场低碳或零碳排放用能与碳减排和碳交易结合，通过碳交易增加农民的收入。

（三）市场培育

研究和改善电网、燃气及成品油体系的基础设施、市场与体制环境，认真做好相应产品的收购和销售工作，为生物质电力、沼气和生物质液体燃料的大规模使用打好基础。推动大中型沼气工程、生物质颗粒燃料等清洁燃料产品的商品化利用。应根据生物质能资源分散、区域性强、农民参与广的特点，鼓励扶持发展中小型生物质能项目，建立生物质资源收集网络，调动企业和地方积极性、有效增加当地农民就业机会和经济收入。

当前我国农业正处于传统农业向现代农业转型时期，随着物联网、云计算和大数据等信息技术的发展，应用信息技术，监测农村用能信息，有助于改善资源利用效率，及时发现问题并且精确确定问题的位置。建议重点发展：以农林剩余物、畜禽养殖废弃物、有机废水和生活垃圾等为原料的多联供技术；发展以沼气为纽带的智慧农业技术等。

（四）加大资金投入力度

政府支持，市场引导，吸引社会参与、多方投入，拓宽生物质能开发利用的融资渠道。各级地方政府和林业部门要按照《中华人民共和国可再生能源法》和有关政策的要求，安排必要的专项资金用于生物质能资源培育和开发利用，并发挥好政府投资的引导作用，调动企业的积极性，创造良好的投资环境，吸引各方面资金支持。

（五）加强服务保障体系建设

完善技术和服务体系，全面提高生物质能产业服务水平。建设生物质成型燃料生产、收购和配送网络，为林区、农村和农户提供较好服务。建立林业生物质原料收集配送等专业化服务体系。

六、案例介绍

（一）生物质成型燃料采暖炊事炉在北方清洁取暖试点城市的应用模式

1. 背景

长期以来，我国农村地区受经济发展水平和气候条件的影响，主要采用分散的燃煤或生物质直接燃烧进行炊事和采暖，每年消耗约 1.9 亿吨煤炭和 2.2 亿吨生物质。根据全国范围内的大规模调研结果，在中国农村地区还广泛分布着燃烧秸秆、木柴等生物质燃料的传统柴灶。传统的炊事柴灶热效率低，一般不超过 15%。燃烧散煤的土暖气采暖系统在北方农村地区的分布比例约占 67.6%，经测试发现其平均热效率仅为 38.1%。大量秸秆、木柴和煤炭等固体燃料的低效粗放式燃料排放了大量的 $PM_{2.5}$、氮氧化物、硫氧化物等污染物，成为室内外空气污染甚至大范围雾霾天气的重要原因之一，同时还增加了农户患肺癌、肺气肿、高血压和过早死等疾病风险，因此必须尽快加以改善。

为此，国家有关部门提出了在北方农村地区实行清洁取暖的政策，但从 2017～2018 年供暖季的执行情况看，“煤改气、煤改电”存在相当大的困难和局限性，主要表现在以下方面。

（1）天然气或生物天然气的气源不足，或者供气管网建设难以到位，限制了在农村推广煤改气。

（2）在农村推广煤改电技术时因为电网改造与用户电热转换设备的初投资较大，或者能效较低而受到制约。

（3）因为大多数农户对天然气和电价的承受能力较低，为了维持改气、改电后取暖的正常运行，地方政府需要给予农户相当多的价格补贴，成为政府一项很大的财政负担，这是一种不可持续的模式。

另外，广大农村地区有着很好的利用可再生能源的条件，尤其是大量的农作物秸秆长期被抛弃和野外焚烧，如能充分发挥农村丰富的生物质资源优势，大力推广基于生物质成型燃料的可再生能源网络体系，不仅可以给我国丰富的农林固体剩余物资源提供一条就近分散利用的可靠途径，还对推动全国节能减排工作，实现美丽乡村建设和可持续发展具有重大意义。

2. 生物质可再生能源网络体系的构建

生物质能源相较其他可再生能源而言，具有许多独特优势。

（1）生物质能源可储存和运输。在目前的可再生能源中，生物质能源是唯一可以方便且低成本储存的能源，方便对其加工转换与连续使用。

（2）生物能源的“带动性”。生物燃料可以拓展农业生产领域，带动农村经济发展，增加农民收入；在中国发展生物燃料，还可推进农业工业化和中小城镇发展，缩小工农差别，具有重要的政治、经济和社会意义。

因此，建立区域性生物质可再生能源网络，具有巨大的环保和经济价值，能够很好地解决北方清洁取暖问题并有效提升农村农民收入。

此外，由于生物质可再生能源具有普遍性、易取性的特点，生产地域分布极广。与传统的化石能源不同，其生产和配送无法经济地做到集中生产、长距离输送。对于生物质能源来说，最合适的方式是本地化生产、本地化配送及消费生物质颗粒燃料，这样有利于最大程度上实现低碳能源的低碳使用。

生物质颗粒燃料加工技术是通过揉切（粉碎）、烘干和压缩等专用设备，将农作物的秸秆、稻壳、树枝、树皮、木屑等农林剩余物挤压成具有特定形状且密度较大的固体成型燃料。压缩成型燃料在专门炊事或采暖炉燃烧，效率高，污染物释放少，可替代煤、液化气等常规化石能源，满足家庭的炊事、采暖和生活热水等生活用能需求。在常温下，利用压辊式颗粒成型机将粉碎后的生物质原料挤压成圆柱形或棱柱形，靠物料挤压成型时所产生的摩擦热使生物质中的木质素软化和黏合，然后用切刀切成颗粒状成型燃料，与热压成型相比，不需要原料（模具）加热这个工艺。该工艺具有原料适应性强、物料含水率使用范围宽、吨料耗电低、产量高等优点。

目前国内已有的生物质集中加工运行模式有“农户+秸秆经纪人+企业”或“农户+政府+企业”等，即通过中间人或政府从农民手中收购生物质秸秆，然后统一出售给加工企业进行加工，生产出的固体成型燃料再以商品的形式进入流通渠道出售给终端用户使用。由于集中加工厂的加工规模普遍偏大，相应的生物质收集半径大，收集、运输和储存的成本非常高，同时市场流通的环节多，层层加码，使其丧失掉生物质资源廉价易得的最大优势。例如，农民以 150～250 元/吨的价格出售秸秆，再以 600～800 元/吨的价格从加工厂购买固体成型燃料，折合到当量热值后的价格甚至高于煤炭价格。该运行模式中，由于秸秆和生物质燃料两次进入商品流通，再加上高昂的运输和存储成本，抬高了生物质成型燃料价格，农民用不起，大部分燃料都运往城市消耗。因此，相当于耗费了农村的资源，却并没有解决农村的用能问题。

为了减少生物质固化成型技术的流通环节，降低成本，实现技术的可操作性和长久运行性，应该采用“一村一厂”或“几村一厂”的生物质颗粒燃料生产加工新模式，切实推进生物质固化成型技术在农村的推广应用，为农户提供清洁便捷的燃料获取及利用方式。该模式是以具有 100～200 户农户的中小规模自然村、组为基本单位，由政府出资集中建立一处占地 200～400 平方米的小型生物质颗粒燃料加工点，并统一购买一套加工能力为 500～1000 千克/小时成品燃料的小型化加工设备，如图 3 所示，租给村里承包人进行运营和管理。按照“来料加工、即完即走”的方式由承包人为农户进行代加工，并收取 300 元/吨左右的加工费，用于支付设备电费、加工人员的工资和设备租金等基本开支。

目前在我国北方清洁取暖试点城市，常见的建立生物质等清洁能源网络的方式包括：①政府给予运营企业直接补贴，支持企业建立、运营生物质能源加工厂；②政府给予用户能源补贴，间接支持生物质能源的生产和消费。

（a）

（b）

图 3　分布式生物质颗粒燃料加工厂在北方清洁取暖试点城市中的应用

资料来源：附录中照片均为作者拍摄

3. 终端核心设备——清洁高效生物质颗粒燃料采暖—炊事两用炉

该两用炉是一种清洁高效的户用生物质颗粒燃料常压热水锅炉，可以使用木质、秸秆等各类型的生物质颗粒燃料，无法使用燃煤，配有微小功率点火风机、一次风机、二次风机和引风机，绞龙机械送料，自动化程度高，用专门设计的程序控制器及软件控制点火、运行及负荷调节，仅需人工定时（间隔 8～10 小时）向料斗添加燃料和清灰，可同时解决采暖和炊事需求，农户操作简单，使用便捷，其燃料的燃尽率极高，热效率也较高，各项污染物排放都符合国际和国家标准，其原理图如图 4 所示。

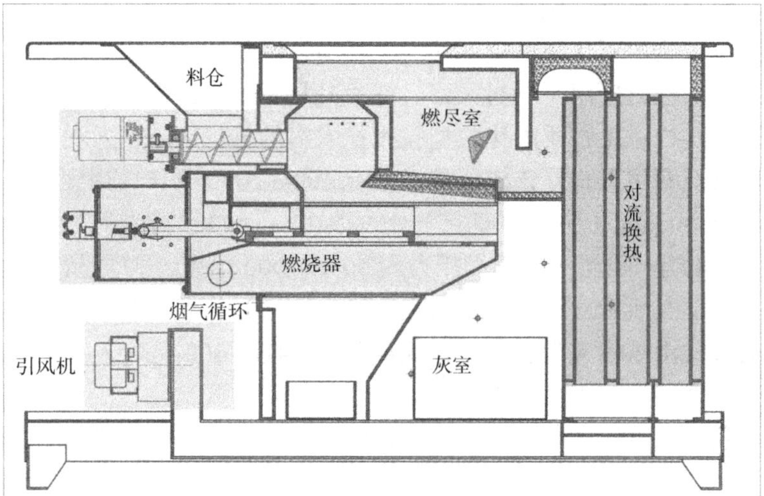

图 4　生物质颗粒燃料采暖—炊事两用炉原理图

该两用炉主要具有以下特点。

（1）热效率高：高效燃烧器燃烧效率大于92%，内置除尘扰流一体强化传热结构，额定工况设备热效率可达81.5%。

（2）清洁环保：空气分级及清洁燃烧技术可保证氮氧化物排放小于150毫克/米^3，炉内重力惯性组合除尘，颗粒物排放小于 50 毫克/米^3，二氧化硫排放小于10毫克/米^3，清洁环保。

（3）功能齐全：具备取暖、热水、炊事功能，符合农村多样的生活用热需求，并具备自动控温、分时段设置等多重控制，将更专业的行为节能融入智能控制器实现大小火自动转换，保证供热需求的同时，进一步减少燃料消耗，控制烟气排放总量。

（4）操作简便：智能控制系统操作简单，功能切换均为一键切换，符合农村使用习惯。

（5）安全可靠：具备超温报警、超压保护、自主防冻等多种安全保护措施。

（6）可接入远程服务：具备接入“远程云服务”系统能力，具备便捷的维保提示、售后服务同时，便于外地子女为家中老人提供远程操作供热服务。

经2016～2018年分别在不具备煤改气、煤改电的寒冷和严寒地区进行的区域性的生物质清洁采暖工程的推广应用示范，如北京密云、河南鹤壁、黑龙江牡丹江、山西长治等（图5），证明该炉具的炊事及取暖功能操作方便，可以充分满足农户需求，取得了良好的用户口碑，为当地的生物质能源综合利用体系建设提供了长足可靠的核心技术支持。

（a）　　（b）

图5　河南省鹤壁市和山西省长治市用户现场

4. 基于物联网数据平台的系统化运行管理方式

农村能源领域普遍具有的能源生产、消费分散，设施维护管理不便，专业人员缺乏等特点使得能源物联网成为解决农村能源生产、分配、消费产业链的最佳解决方式。

农村能源领域的生产、消费设备的运行数据通过网络信号上传到统一的物联网数据平台，为能源领域的效率提升提供数据支撑。

一般来讲，能源效率可以大致分为两类，一是技术效率，它取决于设备的先进程度，属于被动属性，如高效率的锅炉可以降低燃料使用量；二是运营效率，它取决于用户的管理水平，属于主动技能，如及时的设备维护保养可以提高设备使用寿命。

具体到农村个人用户的生物质锅炉领域，与国际先进水平相比，目前我国部分企业产品的技术效率已经处于国际领先水平，而未来具有较大提升空间的领域是运营效率方面。利用物联网平台技术可以极大提升运营效率。

（1）通过对设备运行情况的实时监控，可以方便掌握设备运行情况和运行状态，对于设备的异常使用和异常报警及时做出处理。

（2）通过基于地理信息系统的地理定位系统及设备运行后评估系统，可以更好地培训与组织一批合格的技术人员对设备进行维护和维修。

（3）通过对接入平台设备的监控，合理预测设备故障率，提前进行维修零部件及器材的准备，大大缩短设备维修周期，提升客户满意度。

（4）对不同用户、不同厂家设备、不同使用环境的运行情况进行实时对比，能够为产品技术效率的进一步升级提供可靠的数据依据及改进方向。

（5）与城市统一规划的住宅小区不同，农村住宅的围护结构及房屋布局千差万别，多维度收集农村住宅基础数据及取暖期间的环境数据（包括室外温度及室内温度数据），可以大大提高农村保温设计和施工的效率及效果，做到农宅保温定制化规划，提升保温效果，降低相关投资。

作为农村能源领域变革的重要组织者和参与者，政府可以通过物联网数据平台收集、分析的大量实测数据，掌握包括能源生产、使用等多种维度信息，方便政府部门制定区域能源战略及实施规划。同时，政府可以通过数据分析，有针对性地制定补贴政策，以保障有限的资金发挥最大的效果。

能源物联网链接农村能源领域所有相关设备，收集和分析任意位置上的资产状态和运行情况，同时提供问题分析和解决方案。能源物联网提供的价值包括以下几点。

（1）设备故障检测及解决方案：通过对各个运行设备进行实时检测及运营维护，可以提供一系列的故障诊断和解决方案，在故障初期快速反应，确保系统正常运行，提升运行寿命。

（2）利用大数据积累，了解客户的用能习惯，协助客户进行节能诊断和管理。

（3）交易平台：根据系统平台上的设备运行实测数据，帮助平台供方和需方提供相关决策建议。

（4）金融平台：根据系统数据平台上的使用数据，为平台供应商或用户提供金融支持，如融资租赁、小额贷款股权投资等，利用物联网数据和金融科技实现精准金融服务。

5. 商业推广模式建议

针对目前生物质燃料加工厂地域分布分散且规模受燃料收集半径的影响难以实现大规模生产的特点，建议除了考虑上述建设能源网络的方案以外，还可以考虑通过设立政府新能源引导基金的模式来建设和运营生物质可再生能源网络，这种方式既有利于发挥政府基金的绿色引导作用，又可以很好地激发企业的经营积极性，保证分散化、重运营的生物质能源网络快速、高效建立和发展。具体形式如下。

（1）政府利用补贴资金设立绿色环保产业引导基金（如需扩大基金规模，还可以通过引入信托公司的夹层资金和银行的优先资金，将基金规模放大数倍)，采用股权入股的方式，投入运营企业设立的生物质能源生产厂。

（2）生产厂的股权初始架构为，经营企业占股 30%～40%，产业引导基金占股 60%～70%，基金可以在投资之初，设立回购条款。比如，在燃料生产厂运营 2～3 年内，运营企业可按照投资成本价格回购绿色环保产业引导基金持有的股份，3～5 年回购价格为投资成本加银行同期贷款利率。对于运营情况不佳的企业，基金有权更换运营商。

（3）对于每个生产厂项目，基金定期进行投后管理，对运营方的运营效果和效率进行评价。

通过对燃料生产厂和能源网络的基金化运营，一方面将政府资金定向投入到了节能环保和清洁取暖领域，另一方面，当地的清洁能源产业也因此获得了资金的支持，得到快速发展。同时，后期基金对于项目的投后管理和评估，本质上实现了对项目的后补贴和按效果补贴。运行良好的项目，运营方将基金所占股份赎回后，基金可以将收回的资金继续投入相关领域，循环使用，极大提升了资金的使用效率，从而确保整个生物质产业的高效、有序、良性发展。

（二）生物质能源化利用实地调研报告——吉林案例

1. 调研内容

为进一步了解生物质能源化利用发展现状，“能源革命推动区域经济社会与生态环境协调发展”课题组于 2018 年 8 月 24 日至 8 月 26 日前往吉林进行调研。

调研内容包括对生物质能源化利用典型项目的实地调研、专家交流及高级管理人员访谈。课题组于 2018 年 8 月 24 日晚到达紧吉林省长春市。8 月 25 日对磐石医药健康产业园区及吉林市高新北区职教园区生物质供热项目进行调研。8 月 26 日中午对意江南利洋大酒店、长春一汽富维汽车零部件股份有限公司（简称一汽富维）及中国第一汽车股份有限公司动能分公司（简称一汽动能）生物质供热项目进行了调研。当日下午在宏日新能源股份有限公司与吉林省多家生物质能源化利用企业进行交流访谈，并于晚上返回北京市。

参与调研的成员包括麻林巍、吴金希、单明、王维廷、孔庚、洪毅。本次调研由麻林巍负责协调组织，孔庚辅助组织工作。

2. 调研结果

1）意江南利洋大酒店供热项目

意江南利洋大酒店位于长春市市区，先前以自备燃煤锅炉供暖，禁煤后选择生物质供暖，供热锅炉见图 6。项目的设备及运行情况见表 5。

图 6　意江南利洋大酒店供热项目供热锅炉

表 5　意江南利洋大酒店供热项目设备及运行信息

项目	运行信息
锅炉容量	4 蒸吨
供热面积	2.6 万平方米
燃料	纯木质颗粒燃料
燃料价格	1200 元/吨至 1300 元/吨

续表

项目	运行信息
燃料热值	4000 大卡至 4500 大卡
燃料来源	主要来自满洲里等地的木材加工剩余物
燃料消耗量	非供暖季每天的燃料消耗量为 300 千克至 400 千克；供暖季每天的燃料的消耗量为 3 吨至 4 吨
排放	锅炉加装布袋除尘器，排放达到《锅炉大气污染物排放标准》（国标 GB13271-2014）（简称国家标准）

2）一汽富维供热项目

项目是为一汽富维供热，所在区域没有集中供热，且没有天然气管网，在禁煤后采用生物质供热，供热锅炉见图 7。项目采用合同能源管理形式由宏日新能源股份有限公司提供供热服务。一汽富维供热项目设备及运行信息见表 6。

图 7　一汽富维供热项目供热锅炉

表 6　一汽富维供热项目设备及运行信息

项目	运行信息
锅炉容量	2×5 蒸吨
供热面积	9 万平方米
燃料	玉米秸秆颗粒
燃料价格	约 700 元/吨
燃料热值	3500 大卡至 3700 大卡
燃料来源	周边地区

续表

项目	运行信息
燃料消耗量	一个供暖季 2800 吨
排放	锅炉加装布袋除尘器，排放达到国家标准
收费模式	初期收费为 29 元/米^2，双方对供热效果争议较大，后期采用热计量方式收费，价格为 93 元/吉焦
其他	玉米秸秆燃料造成锅炉结焦严重，锅炉安装了声波吹灰器； 供热站加装污染物排放在线监测设备，由于政府部门不为 50 蒸吨以下的锅炉建立平台，所以监测数据无法上传

3）吉林市高新北区职教园区供热项目

吉林市高新北区职教园区为新建的园区，采用分布式生物质供热，见图 8～图 11。职教园区供热项目的设备及运行信息见表 7。

图 8　吉林市高新北区职教园区供热项目供热锅炉

图 9　吉林市高新北区职教园区供热项目燃料存储及上料系统

图 10　吉林市高新北区职教园区供热项目布袋除尘器

图 11　吉林市高新北区职教园区供热项目供热站主体建筑

表 7　吉林市高新北区职教园区供热项目设备及运行信息

项目	运行信息
锅炉容量	3×40 蒸吨
供热面积	120 万平方米
燃料	生物质颗粒
燃料价格	600 元/吨至 700 元/吨
燃料热值	约 3500 大卡
燃料来源	周边地区，最大供应商在舒兰市
燃料消耗量	3 万吨/年至 4 万吨/年
排放	锅炉加装布袋除尘器，排放达到国家标准
收费模式	初期收费为 29 元/米 ^{2}

续表

项目	运行信息
其他	新接入集中供热的建筑每平方米吉林省补贴 30 元的管网建设费； 供热站主体建筑由著名建筑师设计，有利于改善生物质能源化利用“脏、乱、差”的形象

4）一汽动能供热项目

一汽动能处于大唐长春第三热电厂集中供热区域，但生产车间对温度要求极高，所以公司有 6 台在 20 世纪 90 年代建成的 80 蒸吨俄罗斯燃煤锅炉进行调峰。由于燃煤锅炉煤耗高、污染严重，从 2015 年起改烧生物质，由宏日新能源股份有限公司提供燃料及进行设备改造。经改造后，锅炉的容量降至 40 蒸吨，目前运行的有 4 台，供热锅炉、储料及上料系统见图 12～图 14。一汽动能供热项目的设备及运行信息见表 8。

图 12　一汽动能生物质锅炉

图 13　燃料存储罐

图 14 上料系统

表 8 一汽动能供热项目设备及运行信息

项目	运行信息
锅炉容量	4×40 蒸吨
供热面积	为 300 万平方米调峰
燃料	生物质颗粒
燃料消耗量	年消耗量超过 10 万吨
排放	锅炉加装布袋除尘器，排放达到国家标准
其他	供热站有完善的燃料存储系统，可以存储 6000 吨的燃料。生物质锅炉较燃煤锅炉运行更加灵活

5）磐石医药健康产业园区生物质供热站

供热项目一共分两期，目前一期已建成运行，二期项目正在建设中。一期工程为 2 台 35 蒸吨锅炉，主要为园区内的医药企业提供蒸汽。二期项目为生物质热电联产项目，设备为 2 台 75 蒸吨的锅炉及 1 台 30 兆瓦的抽凝式汽轮机组。二期项目将为周边 13 万平方米的民用建筑供暖。医药健康产业园区供热项目设备及运行信息见表 9。

表 9 医药健康产业园区供热项目设备及运行信息

项目	运行信息
燃料	秸秆与花生壳
燃料热值	燃料的热值为 2600 大卡，经过存放后会下降至 2200 大卡至 2300 大卡
燃料供应	宏日新能源股份有限公司通过和当地政府签订合同，获得特许经营权，当地秸秆经纪人只能将秸秆供给宏日新能源股份有限公司。秸秆的收购价格是由企业、物价局与秸秆经纪人共同商定。为保障燃料的供应，宏日新能源股份有限公司在 10 月至来年 4 月间集中抢收 10 万吨至 15 万吨秸秆进行储备
燃料价格	企业对秸秆的收购价格为 255 元/吨，含水量不超过 35%，当秸秆含水量超过 30% 时，企业会降低收购价格。目前平均收购价格为 240 元/吨。在燃料淋雨水分增加后，需要掺烧生物质颗粒燃料
燃料消耗量	28 万吨/年至 30 万吨/年
排放	锅炉加装布袋除尘器，排放达到国家标准。预留了空间，如果环保标准上升，会增加脱硫脱硝设备
其他	在燃料淋雨水分增加后，需要掺烧生物质颗粒燃料； 当前运营的主要问题是负荷较低时，蒸汽流速较慢，管网热损失较大。每吨燃料可生产约 3 吨蒸汽，经过管网，客户可利用的约为 2 吨蒸汽

6）国源检测中心

吉林国源生物质能研究检测有限公司（简称国源检测中心）是生物质能源第三方检测机构。可检测生物质成型燃料及其原料的工业分析（水分、灰分、挥发分、固定碳）、发热量、硫含量、氮含量、氟含量、氯含量、灰熔融性（变形温度、软化温度、半球温度、流动温度）、破碎率、密度等项目。部分的检测设备如图 15 所示。

（a）量热仪

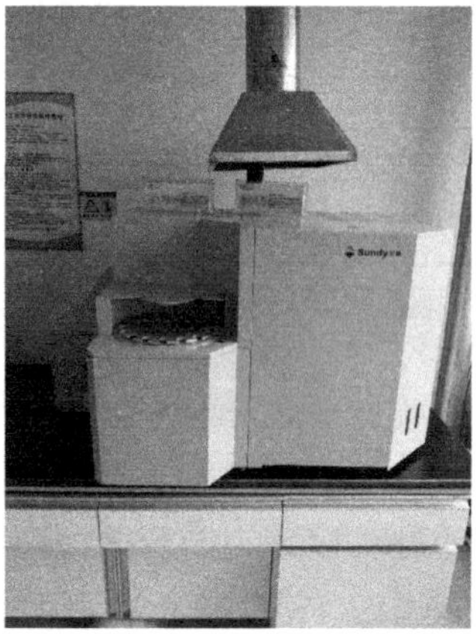

（b）工业分析仪

图 15 检测设备

7）生物质企业研讨会

吉林是生物质十分丰富的省份，吉林中部秸秆量较大的县市每年的资源量达到400万吨。吉林一共有14家生物质发电企业，其中只有4家是热电联产。吉林是一个多电缺热的省份，为保证供热，当地政策为热电联产项目在供热季可以满负荷运行，生物质发电每度电可获得0.38元的上网补助，且吉林生物质发电企业每年运行小时数需达到6200小时，才能达到盈亏平衡。

参加的研讨会的企业有宏日新能源股份有限公司、乾安县聚太生物发电有限公司、蛟河凯迪绿色能源开发有限公司、国能德惠生物发电有限公司。

乾安县聚太生物发电有限公司是地方性民企，一共有三期工程，第一期30兆瓦，第二期30兆瓦，已经在运行，第三期项目还在核准阶段。乾安县聚太生物发电有限公司在当地有8个储料场，每个储料场的面积约为20公顷，储存秸秆约6万吨至8万吨，储料场的租赁成本极低。乾安县聚太生物发电有限公司有130台联合收割机。当地1公顷的玉米收割价格为700元至800元，乾安县聚太生物发电有限公司以每公顷350元至400元的价格进行收割，以获得农民出售秸秆的承诺，企业以每吨120元至150元左右的价格收购秸秆。由于料场距离电厂较近，秸秆并未进行打包等处理。当地气候相对干燥且料场租赁成本低，此模式的复制推广性不强。同时大量秸秆的堆积存在着安全隐患，其中一个料场在2017年曾发生火灾。乾安县聚太生物发电有限公司2017年运行小时数为6000小时左右。

蛟河凯迪绿色能源开发有限公司是阳光凯迪新能源集团有限公司的子公司。装机容量为“2×30兆瓦”，燃料以秸秆为主，每年的燃料消耗量为50万吨至60万吨，由于资金问题，2017年只收集了41万吨。2017年的发电量为2.96亿千瓦时。企业主要通过和经纪人、大客户签订供应协议来保障燃料供应，同时也接收散户的供应。在企业刚成立时当地并没有秸秆打包的专业团队，经过数年的发展，专业的秸秆打包团队的专业性已经有较大的发展。企业通过价格的引导来实现“藏料于民”，在秸秆供应高峰期，其收购价格为200元/吨，在秸秆供应紧张阶段的收购价格为270元/吨。除去秸秆外，企业现在在尝试用菌袋作为燃料。吉林东部的部分县市木耳产业发展中有大量废弃的菌袋无法处理，造成了严重的环境污染。菌袋含水量达60%，经过晾晒降低其含水量，并通过掺混，其进入锅炉的热值大概在2300大卡，菌袋的收购价格为40元/吨。

国能德惠生物发电有限公司装机容量为30兆瓦，运行小时数为8000小时，发电量为2.2亿千瓦时，每年燃料的消耗量为28万吨至30万吨。企业有约100个秸秆收集站点，收集半径为150公里左右，燃料的收购价格约为330元/吨。燃料的含水量为25%，经处理，在入料口的含水量约17%。

3. 政策建议

生物质能源化利用的发展主要依赖于当地资源，应该根据当地资源量、资源种类等因地制宜地推进生物质能源化利用的发展。经过本次调研，对生物质能源化利用的发展提出如下建议。

（1）生物质能源化利用的技术方向应集中在热电联产、集中供热及生物质掺烧发电领域。

（2）生物质能源化利用的发展需要政府政策的支持及具有诚信的龙头企业的带动。政府应放开生物质燃料在政策上的限制。发挥地方的主体作用，通过特许经营权的发放、加大设备研究的投入等推进生物质收储配体系的产业化。鼓励发展龙头企业，将产品及服务高端化，防止小而乱的企业、产品或服务破坏市场。

（3）推动吉林建设生物质清洁供热示范省。项目主要以分布式及热电联产为主。市区建筑物供热采用木质颗粒燃料，工业供热采用秸秆、稻壳等生物质颗粒燃料，热电联产项目采用生物质直接燃烧。

（三）生物质能经济发展推进生态环境及经济社会协调发展案例分析——宁夏案例

1. 案例概况

盐池县位于宁夏回族自治区吴忠市，地广人稀，经济落后。全县国土总面积为 8522 平方公里，2015 年人口约为 17.4 万，2018 年 9 月份退出贫困县序列。盐池县是“三北”防护林工程涉及的区域之一。“三北”地区（西北、华北、东北）分布着大范围的沙漠、沙地及戈壁，该地区的风沙危害与水土流失十分严重。从 1978 年起国家实施“三北”防护林工程。在盐池县约有 280 万亩[①]左右的灌木林，以柠条、牛心朴子等为主，见图 16。

图 16　灌木林

① 1 亩≈666.67 平方米。

盐池县的林业资源丰富，按照灌木林的平茬抚育量为 83 千克/亩，每三年平茬一次计算，当地每年灌木林抚育剩余物约为 7.8 万吨。当地对灌木林的开发利用仍在初级阶段，仅有少量的以柠条为原料的饲料加工企业，并未形成规模化的利用。根据灌木的生长特性，平茬更有利于增强灌木的萌蘖能力，见图 17。由于没有政策及经济驱动因素，盐池县的灌木林存在长期未平茬复壮的问题，对灌木的生长及当地的生态环境造成了不利影响。

（a）未平茬复壮的灌木

（b）平茬复壮的灌木

图 17　平茬复壮增强灌木的萌蘖能力

能源化利用是规模化消纳灌木林抚育剩余物的重要方式。吴忠市化工工业园区的生物质供热站是对当地灌木林资源能源化利用的一次尝试。供热站共有两台 15 蒸吨的锅炉，一备一用，见图 18。供热站为工业园区内的三家企业提供蒸汽。每天生产蒸汽 160 吨至 210 吨，蒸汽的售价为 160 元/吨。在 2018 年运行阶段，供热站每天的燃料消耗量约为 40 吨至 50 吨，每年可消纳生物质 1.3 万吨至 1.6 万吨，原料成本约为 365 元/吨至 385 元/吨。除了灌木林抚育剩余物外，供热站的原料同时包括城市园林垃圾及建筑垃圾。目前供热站正在扩建，新增了 30 蒸吨的锅炉，如果建成运行每年生物质的消纳量可增加至 3.9 万吨至 4.8 万吨。

生物质在锅炉内分两层燃烧，底层燃烧温度为 700℃左右，上层主要为挥发分燃烧，燃烧温度达到 900℃。供热站锅炉燃烧剩余物主要为木炭及草木灰两种，如图 19 和图 20 所示。木炭含碳量达到 90%，可以加工成为活性炭包；草木灰含碳量为 30%，可以加工成针对酸性土壤的土壤改良剂。

图 18　生物质供热锅炉

图 19　木炭

图 20　草木灰

2. 生物质供热站发展促进当地生态环境及农村经济社会协调发展的分析

供热站采用生物质作为原料，减少了化石能源的使用，促进了二氧化碳的减排。同时将灌木的平茬纳入能源生产的环节，提高了农民、企业、政府平茬的积极性，按每吨生物质 370 元计算，每年盐池的灌木林抚育剩余物可以创收 2800 万元左右，增加农民就业，提高农民收入。灌木林带来的经济效益也促进农民对灌木林的照料，定期平茬也将有利于灌木林的生长，稳固防护林的生态保护效果。

3. 政策建议

（1）鼓励生物质供热站项目的示范与经验总结，加速可推广的商业模式的形成。

（2）加大机械化平茬设备的研发，将其纳入农业机械设备。国内机械化的灌木平茬设备欠缺，国外设备价格昂贵，成为制约灌木林抚育剩余物规模化利用的瓶颈。

（3）加速灌木林抚育剩余物规模化利用产业链的完善，探索开发其经济价值，明确各利益相关方间的关系。